# Gestão por Competências no
# SETOR PÚBLICO

Incluindo Case do TRT 8ª Região

# Gestão por Competências no
# SETOR PÚBLICO

**Rogerio Leme**
Organizador

série
GESPÚBLICA

Autores:
Elsimar Gonçalves
Euclides Junior
Marcia Vespa
Paulo Santos
Renan Sinachi
Rodopiano Neto
Rogerio Leme
Romeu Huczok
Rosane Ribeiro

Incluindo
Case do TRT
8ª Região

QUALITYMARK

Copyright© 2014 by Rogerio Leme

Todos os direitos desta edição reservados à Qualitymark Editora Ltda.
É proibida a duplicação ou reprodução deste volume, ou parte do
mesmo, sob qualquer meio, sem autorização expressa da Editora.

| Direção Editorial | Produção Editorial |
|---|---|
| SAIDUL RAHMAN MAHOMED<br>editor@qualitymark.com.br | EQUIPE QUALITYMARK |

| Capa | Editoração Eletrônica |
|---|---|
| K2 Design e Serviços Ltda. | K2 Design e Serviços Ltda. |

**1ª Edição:** 2011
**1ª Reimpressão:** 2014

CIP-BRASIL. CATALOGAÇÃO NA PUBLICAÇÃO
SINDICATO NACIONAL DOS EDITORES DE LIVROS, RJ

L569g

    Leme, Rogerio
        Gestão por competências no setor público / Rogerio Leme. – Rio de Janeiro : Qualitymark Editora, 2014.
        208 p.

        Inclui bibliografia
        ISBN 978-85-7303-984-9

        1. Desempenho – Avaliação. 2. Padrões de desempenho. 3. Administração de pessoal. 4. Administração pública. I. Título.

11-0986                                                                             CDD: 658.3125
                                                                                          CDU: 005.962.131

**2014**
**IMPRESSO NO BRASIL**

Qualitymark Editora Ltda.
Rua Teixeira Júnior, 441 – São Cristovão
20921-405 – Rio de Janeiro – RJ
Tel.: (21) 3295-9800

QualityPhone: 0800-0263311
www.qualitymark.com.br
E-mail: quality@qualitymark.com.br
Fax: (21) 3295-9824

# PREFÁCIO

**ALEXANDRE BUENO DAMADO**
CHEFE DO NÚCLEO DE DESENVOLVIMENTO DE RECURSOS HUMANOS DA
SECRETARIA DO TESOURO NACIONAL DE 01/04/2009 À 19/01/2011

Meu primeiro contato com as ideias do Rogerio ocorreu por meio da leitura de sua obra *Aplicação Prática de Gestão de Pessoas por Competências*. À época, coordenava a equipe técnica responsável pela implantação da Gestão por Competências na Secretaria do Tesouro Nacional. Como parte do projeto, avaliamos diversas publicações sobre o tema para a formulação de nosso referencial teórico.

A grande maioria das publicações estudadas era rica na exposição sobre a teoria do tema competências, porém não respondia questões práticas de operacionalização dos modelos de gestão. Os livros do Rogerio, no entanto, se diferenciavam ao transpor a teoria em uma metodologia de fácil aplicação. Sua obra nos apresentou métodos e práticas que nos fizeram acreditar ser possível implantar um modelo integrado de Gestão por Competências.

A partir desse contato inicial, participamos de alguns eventos nos quais o Rogerio atuou como palestrante e constatamos em definitivo que sua metodologia era a mais indicada para nossa organização.

Em 2009, iniciamos uma importante parceria com o Rogerio para a implantação de seu modelo no Tesouro Nacional. O projeto modificou a forma de se pensar a gestão de pessoas ao oferecer ferramentas para o exercício proativo da gestão dos Recursos Humanos da Secretaria.

Entendo que o sucesso do projeto esteve baseado em dois importantes fatores. O primeiro foi a flexibilidade do método de trabalho, que permitiu ao Tesouro Nacional adaptar uma prática adotada pelo mercado privado e utilizá-la no contexto da Administração Pública Federal.

O segundo foi a participação do Rogerio nos momentos e eventos críticos do projeto, que, com credibilidade e carisma, reforçou, esclareceu e proporcionou maior segurança aos servidores sobre a metodologia e seus benefícios.

A leitura do livro por fim, demonstrará a viabilidade de aplicação da gestão integrada baseada em competências no setor público. Espero que, assim como na nossa experiência, este livro seja mais um instrumento de auxílio à profissionalização da gestão de pessoas na Administração Pública.

*Alexandre Bueno Damado*
Chefe do Núcleo de Desenvolvimento de Recursos Humanos da Secretaria do Tesouro Nacional de 01/04/2009 à 19/01/2011.

# INTRODUÇÃO

PAULO SANTOS

# X ❖ GESTÃO POR COMPETÊNCIAS NO SETOR PÚBLICO

Os desafios da Gestão de Pessoas no Setor Público

A proposta de se elaborar um trabalho sobre gestão por competências no setor público suscita uma questão interessante sobre o quanto é necessário estabelecer um marco diferenciado para a gestão de pessoas na esfera pública.

Dito de outra forma, existe um espaço de reflexão sobre o quanto as obras publicadas sobre Gestão por Competências estão adequadas ao setor público, ou sobre as características do setor público que justificam o empenho em propor uma abordagem diversa.

A princípio, as bases teóricas da gestão de pessoas deveriam permanecer as mesmas, considerando-se que os conceitos relacionados à motivação humana, liderança, relações de poder, demanda por desempenho adequado, justiça no trabalho, treinamento e desenvolvimento, inovação e mudança organizacional e relação com clientes transcendem aspectos específicos da burocracia brasileira.

Dessa forma, vale a pena explorar o contexto cultural e legal que, de alguma forma, pode distinguir o ambiente e as relações de trabalho no serviço público. Em especial, ressaltar aspectos e princípios que revestem a função pública que podem, ou devem, orientar o servidor a comportamentos diversos daqueles esperados por profissionais da iniciativa privada.

Inseridos no contexto do *Direito Público*[1], os atos do servidor público são regidos pelos princípios da legalidade, segundo o qual só é permitido o que está estabelecido em lei, ao contrário do direito privado, em que o que não está proibido é permitido, e da moralidade, sobre o qual assim discorre Meirelles (2003):

> *A moral comum é imposta ao homem para sua conduta externa; a moral administrativa é imposta ao agente público para a sua conduta interna, segundo as exigências da instituição a que serve, e a finalidade de sua ação: o bem comum*
> *(MEIRELLES, Hely Lopes, 2003, 28ª ed.).*

Sendo assim, a sociedade espera encontrar investidos em cargos públicos profissionais vocacionados e conhecedores dessa característica fundamental da função para a qual prestaram concurso público ou assumem função dessa natureza. Afinal, a citada conduta interna advém de valores éticos e morais que precedem a assunção desses cargos.

No caso do setor público, a prestação de serviços está revestida de pouca competitividade e, dessa forma, estabelece relações peculiares entre empregador, representado pelo Estado, e empregados, servidores públicos detentores do valor do trabalho que é oferecido à população. Sobre a valoração da contribuição dessa classe de profissionais, nota-se uma crescente, mas ainda incipiente, mobilização social por melhor qualidade no atendimento das demandas da sociedade.

De modo geral, quando uma pessoa cogita demandar um serviço pelo qual deverá pagar, é natural que indague se vale a pena despender o valor cobrado. Tal indagação é a raiz das pesquisas de mercado e da busca por pechinchas e barganhas. No caso do serviço público, a chance de buscar alternativas mais baratas quase inexiste. Seja porque há exclusividade legal na prestação do serviço ou porque não há cobrança direta,

---

[1] "O conjunto harmônico de princípios jurídicos que regem os órgãos, os agentes e as atividades públicas tendentes a realizar concreta, direta e imediatamente os fins desejados pelo Estado." (MEIRELLES, Hely Lopes, 2003, 28ª ed., p. 38.)

ou seja, o custo desses serviços está embutido nas cobranças tributárias.

Sob a ótica do contribuinte, os diversos fatos geradores de tributo parecem distantes e desvinculados da retribuição do Estado por tais cobranças. Retida na fonte remuneratória ou escondida no custo de produtos e serviços, a contribuição do cidadão para financiamento da máquina estatal dilui-se de tal forma que a população parece não se sentir legítima cobradora da qualidade dos serviços públicos e de resultados socialmente relevantes.

Sem rebater o que argumenta Modesto (1999)[2], de que o Estado é indispensável, por ser a única organização, operando em larga escala, capaz de conter os interesses privados em limites socialmente razoáveis e, além disso, ser capaz de intervir intensivamente sobre a coletividade associando eficiência e equidade, é imperativo que o cidadão exerça o controle social da ação estatal para que ela seja efetiva. Nisso, o povo brasileiro parece neófito e excessivamente submisso.

Apesar dessa postura passiva da sociedade brasileira frente ao baixo nível do retorno que lhe é fornecido, é notória a expectativa ilusória de que, por si só, o poder público seja capaz de garantir a ocupação dos cargos e empregos públicos por pessoas que tenham vocação para servir ao público e, de fato, cumpram esse papel.

Na verdade, a indústria dos concursos públicos tem promovido o desvirtuamento da prática do ministério inerente à função pública, qual seja, servir à sociedade. Da forma como está configurado, o ordenamento jurídico vigente massifica as inscrições e prejudica a qualidade do processo de seleção de servidores. O Estado arrecada mais com o maior número de candidatos, como se a quantidade representasse maior equidade e isonomia no acesso aos cargos, mas poucos efetivamente concorrem às vagas ofertadas.

---

[2] MODESTO, Paulo (1999). Notas para um Debate sobre o Princípio da Eficiência. XXIII Congresso Brasileiro de Direito Administrativo, realizado em 30/9/1999, na cidade de Florianópolis, Santa Catarina.

Por sua vez, grande parte dos candidatos almeja, tão somente, os direitos reservados à condição de servidor público, desvinculados dos deveres intrínsecos da função. Entre tais direitos, vale destacar a questão da estabilidade no cargo, um dos institutos mais deturpados na relação entre o Estado empregador e seus empregados. Aquilo que a assembleia constituinte fez questão de garantir, a estabilidade da função estatal e sua independência em relação a questões políticas e interpessoais, tem sido erroneamente transferida ao indivíduo.

A existência de raríssimos casos de demissão no serviço público demonstra a fragilidade da administração em coibir comportamentos incompatíveis com o Ministério Público. Além disso, a aprovação no *estágio probatório*[3] tornou-se mera formalidade, pois, tão escassas quanto as demissões, as exonerações nessa fase de experiência e demonstração da vocação para servir ao público dependem de registros e atitudes gerenciais que, via de regra, são abafados pelo paternalismo e corporativismo característicos da administração pública brasileira.

Nesse contexto, é latente a premência por inovações no processo de seleção de servidores públicos, que proporcione a investidura em cargos públicos de profissionais que tenham vocação para servir à sociedade, que demonstrem compromisso com o bem-estar coletivo e primem pela efetividade da administração pública. Por tal razão, a Gestão por Competências, nas suas premissas de adequar conhecimentos, habilidades e, principalmente, atitudes, surge com uma alternativa importantíssima nas ações de recrutamento.

Pelo exposto até o momento, esse desafio para não ser tão similar ao enfrentado pelas empresas privadas, cuja relação empregado-empregador é mais objetiva e diretamente vinculada ao alcance de desempenhos previamente estabelecidos.

---

[3] Estágio Probatório: conforme se pode depreender do Mandado de Segurança STJ nº 12.523 - DF (2006/0284250-6), refere-se ao período de 36 meses de efetivo exercício próprio para avaliar a viabilidade ou não da estabilização do servidor público mediante critérios de aptidão, eficiência e capacidade, verificáveis no efetivo exercício do cargo.

No caso da administração pública, há características importantes que devem ser abordadas antes de que modelos e processos para adoção da Gestão por Competências sejam analisados com vistas à escolha de escopo e parâmetros de implementação.

Em primeiro lugar, por já ter sido mencionada anteriormente, é importante destacar a questão da estabilidade no cargo e sua influência nas relações de demanda e entrega associadas ao aprimoramento das competências em prol da organização.

De modo geral, a busca por melhores condições de trabalho e remuneração está associada ao crescimento na carreira, que por sua vez traz consigo acréscimo de responsabilidades e aumento da complexidade no trabalho.

Essa lógica não é tão bem acolhida no contexto do setor público, e tal ressalva merece algumas reflexões.

Para a grande maioria dos servidores públicos chegar ao topo da carreira é atingir o padrão mais elevado da última classe de seu cargo. Para que isso ocorra basta esperar que interstícios sejam cumpridos, independente de demonstrações de desempenho e aquisição de novas competências. Embora haja planos e estruturas de carreira que associam tais níveis de carreira a conjuntos de atividades em organização crescente de complexidade, o aproveitamento das pessoas se deve mais à disponibilidade destas do que à adequação de seus perfis às funções a exercer.

Exemplos claros dessa inconsistência nas políticas de Recursos Humanos no setor público são: o aproveitamento de titulares de cargos de natureza e nível de escolaridade específicos em funções legalmente definida para outro cargo; o exercício de atividades inerentes a classes mais elevadas por servidores recém-ingressos ou, talvez pior, de atividades menos complexas por servidores dos últimos padrões da carreira. Nestes dois casos, caracterizados como desvio de função, existe clara incompatibilidade entre o valor de entrega e a remuneração paga pela contribuição.

A estabilidade no cargo, traduzida num impedimento formal ou processual de rompimento do vínculo empregatício, praticamente obriga a administração a manter em seus quadros servidores com desempenho aquém do esperado. Mas como o serviço tem que ser feito, lança-se mão daqueles que se apresentam dispostos e disponíveis, independentemente das características formais e estruturais de seus cargos.

Ao longo do tempo o perfil das carreiras, que de maneira geral tenderia a ser piramidal, encontra no serviço público sua versão invertida. Há um grande número de servidores nos últimos níveis de carreira, sem perspectivas de crescimento, e uma reposição lenta de novos profissionais que assumam as funções que aqueles já não se motivam a exercer.

Normalmente, salários mais elevados são pagos a um número menor de empregados, diferenciados por suas competências e capacidade de entrega. A depender do desenho organizacional que caracteriza cada setor da economia, há uma elevação da complexidade dos trabalhos, da influência política, do exercício da liderança e da capacidade de gerar valor para organização. Novamente, há uma quebra dessa premissa entre os cargos efetivos das carreiras públicas. Remunerações mais altas não estão associadas, necessariamente, a trabalhos mais complexos.

Enfim, estas questões não são sequer a ponta do iceberg. Os problemas e desafios da Gestão de Pessoas são equivalentes ao tamanho da estrutura gigantesca chamada administração pública, assim como a velocidade das mudanças nesta área se equivalem à sua lenta e morosa capacidade de movimentação.

Porém, imbuídos da responsabilidade atribuídas pela condição de ser um servidor público e do imperativo de, como cidadão, exercer o controle social da ação estatal para que ela seja efetiva, faz-se necessário o desenvolvimento de ações de Gestão de Pessoas com foco em Competências para iniciar as transformações na gestão do capital humano no setor público.

Para tanto, é fundamental que a escolha do modelo metodológico tenha aderência à instituição, à sua cultura e realidade, porém, que seja flexível e que possa evoluir com o amadurecimento da instituição e da Gestão de Pessoas. Mas, principalmente, que ela seja capaz de provocar pequenos incômodos nas pessoas na direção da construção de uma Gestão e administração pública ideal e que todos nós, cidadãos brasileiros, temos o direito.

*Paulo Santos*

# SUMÁRIO

**CAPÍTULO 1**

**Proposição Metodológica da Gestão e da Avaliação de Desempenho com Foco em Competências, 1**

*Autor: Rogerio Leme*

1.1. Introdução, 2

1.2. Conceito de Competências – CHA, 3

1.3. Mapeamento de Competências por Cargo, Função ou Papel?, 3

1.4. O CHA deve ser Mapeado Separadamente?, 7

    1.4.1. Justificativa da não Recomendação do Desdobramento do CHA, 8

    1.4.2. Aplicação Prática: Separação do CHA em Competências Técnicas e Competências Comportamentais, 10

        1.4.2.1. Competências Técnicas, 11

        1.4.2.2. Competências Comportamentais, 13

1.5. A Ampliação do Conceito de Competências: Conceito da Entrega do Servidor, 15

    1.5.1. A Perspectiva Resultados e o Alinhamento com a Estratégia Organizacional, 17

1.5.2. A Perspectiva Complexidade, 19

    1.5.2.1. Por que o Termo Complexidade e não Responsabilidade, 20

    1.5.2.2. Classificação do Grau de Complexidade das Atribuições, 22

    1.5.2.3. Complexidade e o Espaço Ocupacional, 22

1.5.3. A mensuração do Coeficiente de Desempenho do Servidor, 26

1.6. Considerações Finais do Capítulo, 29

## CAPÍTULO 2

**Metodologia do Inventário Comportamental para Mapeamento de Competências, 37**

*Autor: Rogerio Leme*

2.1. Introdução, 38

2.2. Características do Inventário Comportamental, 38

2.3. A Metodologia, 39

2.4. A Construção do Inventário Comportamental, 41

    2.4.1. Orientações para a Aplicação do "Gosto/Não Gosto/O Ideal Seria", 43

2.5. Competências Organizacionais, 46

    2.5.1. Início do Processo Matemático, 47

2.6. Competências de Cada Função, 47

2.7. Competências dos Servidores, 49

2.8. Maiores Detalhes do Inventário Comportamental, 53

## CAPÍTULO 3

**Gestão por Competências: da teoria para a Prática, 55**

*Autores: Euclides B. Junior e Renan Sinachi*

3.1. Introdução, 56

3.2. A Necessidade de se Implantar Gestão por Competências e a Formalização deste Compromisso pelos Órgãos Públicos, 56

3.3. Importância do Comprometimento da Alta Direção, 58

3.4. Alinhamento com as Diretrizes da Organização, 59

    3.4.1. Planejamento Estratégico – um aliado da Gestão por Competências, 59

    3.4.2. Regimento ou Regulamento Interno – Bases para a Construção dos Trabalhos, 60

    3.4.3. A Necessidade de um Comitê/Comissão de Implantação, 61

3.5. Mapeamento de Competências Comportamentais Institucionais, 63

3.6. Conceitos Importantes, 66

    3.6.1. Cargo x Função/Papel, 66

    3.6.2. A Importância da Descrição de Função (Clareza dos Reais Papéis do Servidor), 70

    3.6.3. Função Real x Função "Personificada", 72

3.7. Desvendando o Inventário de Atribuições por Produtos, 74

3.8. Definição da Amostragem de Servidores para a Participação nas Etapas de Construção, 78

3.9. Mapeamento de Competências Comportamentais das Funções, 78

3.10. Avaliação de Competências Comportamentais e Técnicas dos Servidores, 82

3.11. Feedback e Empenho, 85

**CAPÍTULO 4**

**Aplicações dos Resultados no Mapeamento e Avaliação de Competências e de Desempenho nos Subsistemas de RH, 91**

*Autor: Rogerio Leme*

4.1. Introdução, 92

4.2. Requisitos para Integração dos Subsistemas de Recursos Humanos, 92

    4.2.1. Seleção de Novos Servidores, 93

    4.2.2. Integração de Novos Servidores, 94

    4.2.3. Levantamento de Necessidades de Treinamento, 95

    4.2.4. Trilha de Desenvolvimento, 96

    4.2.5. Universidade Corporativa, 96

    4.2.6. Movimentação Interna, 98

    4.2.7. Sucessão, 98

    4.2.8. Plano de Carreira, 99

4.3. A Definição das Políticas de Recursos Humanos, 99

4.4. Estágio Probatório: um Sonho de Aplicação para um Estado Eficiente e Eficaz, 101

4.5. Concurso Público, 103

## CAPÍTULO 5

**Plano de Carreira: Diretrizes Contemporâneas e Impactos com a Avaliação de Desempenho com Foco em Competências, 105**

*Autores: Romeu Huczok e Rosane Ribeiro*

5.1. Introdução, 106

5.2. Conceitos, 106

    5.2.1. Plano de Cargos ou Competências?, 106

    5.2.2. Sistema de Gestão por Competências, 106

    5.2.3. Carreira, 107

    5.2.4. Cargo, 108

    5.2.5. Função, 108

5.3. Avaliação de Desempenho, 111

## CAPÍTULO 6

**Educação Contemporânea nas Organizações – o Desafio de um Sistema de Desenvolvimento Humano Competitivo, 117**

*Autora: Marcia Vespa*

6.1. Introdução, 118

6.2. A Educação Corporativa – Uma Visão Ampliada nas Práticas e Programas de Treinamento Profissional, 118

6.3. O Desafio de um Sistema de Desenvolvimento Humano Competitivo, 120

6.4. A Conexão Sólida dos Pilares da Organização Envolvendo a sua Missão, Visão, Valores, Objetivos Estratégicos, a Gestão por Competências e o Desenvolvimento de Pessoas, 123

6.5. Como Garantir o Sucesso da Implantação da Gestão por Competências Considerando o Papel dos Líderes Organizacionais, 128

## CAPÍTULO 7

**Gestão de Pessoas e Tecnologia, 131**

*Autor: Elsimar Gonçalves*

7.1. Introdução, 132

7.2. A Arte da TI: Dados *versus* Informações, 132

7.3. Transição Tecnológica do RH, 133

7.4. RH e a Área de Tecnologia, 135

7.5. Tecnologia e a Vanguarda dos Resultados, 136

    7.5.1. Web 2.0, 136

    7.5.2. *Cloud Computing,* 137

    7.5.3. *Bussiness Intelligence,* 138

7.6. Características Importantes para um Software de Gestão de Pessoas, 139

## CAPÍTULO 8

**A Experiência do Tribunal Regional do Trabalho da 8ª Região, 141**

*Autor: Rodopiano Neto*

8.1. Introdução, 142

8.2. A Estratégia do TRT da 8ª Região, 143

8.3. Gestão Estratégica de Pessoas, 145

8.4. Avaliação dos Perfis Profissionais, 149

8.4.1. Identificação dos Estilos de Comportamento, 149

8.4.2. Avaliação das Competências, 152

8.5. Gestão por Competências: Passo a Passo, 152

    8.5.1. Passo 1: Construção das Descrições das Funções de Liderança, 153

    8.5.2. Passo 2: Construção das Competências Comportamentais, 154

    8.5.3. Passo 3: Construção das Competências Técnicas, 156

    8.5.4. Passo 4: Aplicação dos Instrumentos de Avaliação, 158

    8.5.5. Passo 5: Elaboração dos Planos de Capacitação de Servidores para o Desenvolvimento de Competências, 159

    8.5.6. Passo 6: Implantação da Cultura de Feedbacks, 161

8.6. Resultados Alcançados, 161

8.7. Reconhecimento Nacional, 162

**Sobre os Autores, 163**

**Outros Livros de Rogerio Leme, 172**

# CAPÍTULO 1

# PROPOSIÇÃO METODOLÓGICA DA GESTÃO E DA AVALIAÇÃO DE DESEMPENHO COM FOCO EM COMPETÊNCIAS

ROGERIO LEME

## 1.1. INTRODUÇÃO

O objetivo deste capítulo é trazer os principais pontos relevantes de um projeto de Gestão por Competências especificamente para o setor público apresentando as diferenças entre as principais metodologias e o conceito de entrega do servidor, abrangendo:

- Conceito de Competências – CHA.
- A ampliação do conceito de Competências e a Entrega do Servidor.
- A diferença entre Avaliação de Competências e Avaliação de Desempenho.
- O alinhamento com a estratégia da empresa.
- As perspectivas para a Avaliação de Desempenho com Foco em Competências.
- Metodologia do Inventário Comportamental para Mapeamento de Competências.

Os conceitos aqui apresentados estão publicados nos livros de minha autoria e publicados por esta editora:

- Aplicação Prática de Gestão de Pessoas por Competências.
- Avaliação de Desempenho com Foco em Competência.
- Seleção e Entrevista por Competências com o Inventário Comportamental.
- Feedback para Resultados na Gestão por Competências pela Avaliação 360°.
- Gestão do Desempenho integrando Avaliação e Competências com o Balanced Scorecard, com coautoria de Marcia Vespa.

- T&D e a Mensuração de Resultados e ROI de Treinamento Integrado ao BSC.

Portanto, o leitor que desejar aprofundar o conhecimento de alguma questão em específico pode também pesquisar nestas referências bibliográficas.

## 1.2. CONCEITO DE COMPETÊNCIAS – CHA

Quando falamos de competências, não tem como não citar o famoso CHA – Conhecimentos, Habilidades, Atitudes. Certamente você, se já teve algum contato com o tema, já ouviu falar nele.

Trago a definição de competências de Scott B. Parry, que conceitua competências como:

> *"Um agrupamento de conhecimentos, habilidades e atitudes correlacionadas, que afeta parte considerável da atividade de alguém, que se relaciona com seu desempenho, que pode ser medido segundo padrões preestabelecidos, e que pode ser melhorado por meio de treinamento e desenvolvimento".*

O Conhecimento é o saber, é o que aprendemos nas escolas, universidades, nos livros, no trabalho, na escola da vida. Sabemos de muitas coisas, mas não utilizamos tudo o que sabemos.

A Habilidade é o saber fazer, é tudo o que utilizamos dos nossos conhecimentos no dia a dia.

Já a Atitude é o que nos leva a exercitar nossa habilidade de um determinado conhecimento, pois ela é o querer fazer.

## 1.3. MAPEAMENTO DE COMPETÊNCIAS POR CARGO, FUNÇÃO OU PAPEL?

No Capítulo 3, especificamente nos Itens 3.6.1 e 3.6.2, Euclides B. Junior e Renan Sinachi detalham a diferença entre cargo e função para a gestão por competências, sendo que função ainda pode ser chamada de papel, de acordo com a proposta que eles apresentam e o aplicam nos projetos que participam.

O termo usado "função" não significa ser função comissionada ou cargo de confiança. Função, no conceito apresentado pelos autores, é o conjunto das atribuições (tarefas) que o servidor, lotado em uma determinada gerência, seção, coordenação ou secretaria, deve executar.

De maneira geral, o regimento interno dos órgãos públicos especificam o que um servidor deve fazer, porém de maneira generalista.

Para gestão por competências funcionar efetivamente é necessário que sejam identificadas e especificadas as atribuições que um servidor, lotado em uma gerência, seção, coordenação ou secretaria específica, deve fazer.

Considere, por exemplo, um órgão público qualquer e nele uma gerência de pessoal e outra de transporte. Um servidor, de acordo com o concurso que prestou, pode atuar em qualquer uma das gerências, de acordo com as necessidades do órgão.

É fato que as atribuições do servidor lotado na gerência de pessoal são totalmente diferentes das atribuições que o servidor lotado na gerência de transporte deve realizar. E mais: o conjunto de Conhecimentos e Habilidades que eles devem possuir são diferentes, pois as gerências são de natureza totalmente diferente, sem dizer também dos comportamentos necessários que certamente são diferentes, ou seja, Atitudes diferentes.

Com base nessa premissa, é indiscutível que um processo de mapeamento de competências deve ocorrer pautado nas atribuições que o servidor deve executar de acordo com sua lotação.

Portanto, chamamos de Descrição de Função este conjunto de atribuições e especificação de conhecimentos, habilidades e atitudes, que formam as competências técnicas e comportamentais, que veremos no Item 1.4 deste capítulo.

É bom que o leitor tenha consciência de que existem algumas críticas ao mapeamento de competências ser realizado por função, alegando que ela gera um grande número de funções, que existe um alto nível de detalhamento das tarefas e, ainda, que as descrições se tornam voláteis e difíceis de serem mantidas atualizadas, o que não concordo, é claro, pautado nas experiências que acumulei.

Em todos os trabalhos que realizei, tanto em empresas públicas ou privadas, utilizando técnicas adequadas para a realização deste trabalho, essas argumentações caem por terra, sendo assim, eu vejo apenas ganhos em utilizar o mapeamento e a descrição por função, pautado nas seguintes questões:

1. Desde que, bem estruturado e com um sistema de informática voltado para a estratégia de gestão de pessoas – e não como normalmente encontramos no mercado que são sistemas que são "simples planilhas" colocadas em um aplicativo (software) ou voltados para as questões contábeis de Recursos Humanos (folha, centro de custo etc.) –, ter um documento, chamado descrição de função, que contenha a especificação de qual é a expectativa da empresa sobre os trabalhos a serem realizados pelo servidor, não poderá ser prejudicial para a cultura da organização, ao contrário, trará benefícios, tanto para a organização quanto para o servidor.

2. Antigamente, ao fazer uma descrição de função e cargo, a recomendação era que ela deveria informar ao ocupante da função: "o que fazer", "como fazer", "para que fazer", "conhecimentos que deveria possuir".

Um dia isso foi bom, mas nos tempos atuais essa recomendação está totalmente equivocada, pois o documento deve conter apenas "O QUE FAZER" e "CONHECIMENTOS E FERRAMENTAS QUE DEVE TER DOMÍNIO".

O "como fazer" não deve estar na descrição, pois ele é especificação de processo e procedimento e, estes sim, mudam com o passar do tempo e são voláteis.

3. Portanto, se o "o que fazer" mudar, não seria lógico que o servidor tenha uma comunicação oficial da alteração?

4. Tecnologia é volátil e ela compõe a descrição de função no quesito dos conhecimentos e ferramentas que o ocupante da função deve dominar – as competências técnicas. Uma mudança de tecnologia não muda obrigatoriamente o "o que fazer", muda a ferramenta a ser utilizada. Não faz sentido ter um documento em que estejam registrados quais são os sistemas de informática, por exemplo, que um servidor deve dominar para que, numa avaliação, tenhamos condições de identificar sua necessidade de treinamento por uma metodologia mais pragmática e menos subjetiva ou pelo tradicional Levantamento de Necessidade de Treinamento?

5. Se o "como fazer" mudar, tal mudança deverá estar registrada na área de processos, procedimentos ou manuais, não na descrição de função, o que significa que o nível de detalhamento ou a dificuldade de manter a descrição de função atualizada não é tão grande quanto dizem os críticos ao modelo a ponto de inviabilizar a opção por ele.

São várias as questões que poderia discorrer, pois o assunto é amplo. Mas vamos fechar este tema com as seguintes ponderações:

É fundamental o leitor entender que o modelo de gestão a ser adotado deve estar pautado, primeiramente, nos objetivos da organização e como fazer para que as pessoas, no caso os servidores, possam atingir esses objetivos por meio de suas competências, desenvolvendo as competências que forem carentes e potencializando aquelas que se destacam.

Não menos importante, a escolha do modelo deve ser pautada no nível de maturidade em Gestão de Pessoas da instituição, e não apenas dos analistas, técnicos, especialistas, estudiosos e consultores que compõem o grupo de implantação.

A instituição é maior do que o grupo de especialistas, logo, o grupo de implantação precisa ter a real leitura da Cultura Organizacional e da capacidade de seus servidores compreenderem definições mais amplas e subjetivas.

Indo diretamente ao ponto, Gestão por Competências ainda é um tema de muito discurso, porém muito incipiente no setor público. Não que empresas privadas estejam anos-luz à frente e tampouco em relação à capacidade das pessoas em realizar um projeto ou ainda de não poder compartilhar dos sonhos ou benefícios que ela possa trazer, mas por uma questão cultural do serviço público, onde existem fortíssimos ranços causados por avaliações mal estruturadas, meramente para cumprir formalidades e pela "proteção" da estabilidade que dá o falso direito para alguns maus servidores de não quererem se desenvolver tendo um desempenho inapropriado.

Neste caso, iniciar por um processo de avaliação que não deixe claras as expectativas necessárias para que o servidor cumpra com o seu papel e em que ele será avaliado, de maneira menos subjetiva possível, é querer chegar exatamente nos mesmos resultados insatisfatórios que outras empresas chegaram e, muitas delas, tiveram seus sonhos transformado em pesadelos, além do abandono do projeto.

## 1.4. O CHA DEVE SER MAPEADO SEPARADAMENTE?

Em termos práticos, em um processo de mapeamento de competências não adianta querer identificar o Conhecimento, separado da Habilidade e separado da Atitude. Embora esta seja a teoria, temos que entender o que é prático e possível de ser realizado.

Empresas públicas ou privadas que optam por esta separação encontram grande dificuldade em manter seus processos atualizados e atuam com alto grau de subjetividade tanto no processo de mapeamento quanto no processo da avaliação.

Nesse modelo, que não recomendo que seja utilizado, normalmente o problema fica ao definir a tal Habilidade, justamente por ela retratar uma "repetição dos procedimentos para executar uma atribuição" ou pela "confusão com características do A da Atitude".

Para ilustrar o problema, vamos ver como ficaria tal separação do CHA considerando uma única atribuição de um servidor.

**Tabela 1:** *Utilização NÃO RECOMENDADA do desdobramento do CHA*

**Elaborar Notas, Ofícios e Memorandos referentes aos programas de refinanciamento**

| CONHECIMENTO | HABILIDADE | ATITUDE |
|---|---|---|
| Redação Oficial | Elaboração de Textos | Foco em Resultado Atenção Concentrada Organização |
| Word | | |
| COMPROTDOCWEB | Registrar no sistema eletrônico de documentos | |
| Lei de Responsabilidade Fiscal | Fazer referências às legislações | |
| Legislação Aplicável aos Programas de Refinanciamento | Construir textos com embasamento consistente | |

## 1.4.1. Justificativa da não Recomendação do Desdobramento do CHA

Não há problemas ou restrições para os conhecimentos identificados no exemplo.

O problema está no detalhamento das Atitudes, que, segundo a metodologia tradicional, para cada conhecimento deve ter a especificação da habilidade.

Em teoria sim, mas, como diria um grande mestre meu, "a teoria não tem como plano de carreira se tornar a prática". Isso não significa que devemos jogar toda a teoria fora. Eu seria um tolo se acreditasse nisso, pois ela é quem nos faz pensar, refletir, fazer comparações entre as existentes para analisar a REALIDADE vivida e, então, encontrar uma solução PRÁTICA e aderente à necessidade vivenciada.

Em outras palavras, de maneira geral, os técnicos, analistas e especialistas, em especial do setor público e, especificamente da área de Gestão de Pessoas, precisam compreender que não devemos utilizar referências teóricas registradas em livros de viés exclusivamente acadêmicos ou mesmo em referências teóricas registradas em livros de outros países e cometer o sacrilégio de querer aplicá-las na prática exatamente como está na teoria, pelos seguintes motivos:

a) Aplicar referências teóricas na íntegra significa que ela deixa de ser uma referência e passa a ser uma regra, manual ou receita que não permite customizações.

b) O que funciona em outros países, às vezes até mesmo em outras regiões de um país das dimensões como o Brasil, não significa que irá funcionar em todo lugar. A questão da cultura regional e da cultura organizacional, e esta, acrescida das questões culturais que envolve o setor e o funcionalismo público, precisam amplamente ser consideradas na prática que, em muitos livros utilizados como referenciais, não as considera.

c) Muitas teorias referenciadas possuem origem em tempos e realidades muito diferentes das realidades contemporâneas, tais como Geração Y, redes sociais, internet, tecnologia em geral, escassez de tempo dos gestores, entre outras.

Isso não significa em hipótese alguma que toda a teoria está equivocada. Longe disso. Significa que o foco deve ser identificar "o que é preciso efetivamente na prática".

E para retornar o que é preciso realmente na prática, voltando para a questão do desdobramento das habilidades do exemplo, note que elas trazem:

1. ou uma repetição da atribuição escrita em outras palavras

    ✔ "elaboração de textos";

2. ou um detalhamento do processo, ou seja, das etapas de "como fazer ou realizar" aquela atribuição

- ✔ "registrar no sistema eletrônico de documentos";
- ✔ fazer referências às legislações";
- ✔ "construir textos com embasamento consistente".

Repetir a atribuição com outras palavras no desdobramento é facilmente constatado como perda de tempo e desnecessário.

Entretanto, o mais grave é o detalhamento dos processos gerado, pois, no mundo atual, se podemos ter uma certeza, é que processos e procedimentos mudam a todo momento dentro de uma empresa, independentemente de ser pública ou privada, em função de mudança de tecnologia, de otimizações e melhorias, enfim, é uma realidade.

Partindo do princípio da eficiência em gestão administrativa e operacional, é necessário que a instituição tenha Mapeamento de Processos ou algum instrumento de Registro ou Documentação de Processos e Procedimentos. Portanto, se o local para registrar ou especificar os detalhes do como fazer existe, replicar as informações no mapeamento de competências é um equívoco, pois, na primeira mudança do "como fazer", por qualquer motivo que seja, o mapeamento realizado é perdido.

O fato de uma empresa não ter mapeamento ou documentação de processos não é a justificativa para que o mapeamento de competências seja realizado com o detalhamento da habilidade apresentado no exemplo. Seria utilizar um instrumento para tentar realizar o que outro instrumento deve fazer. Não vai funcionar.

### 1.4.2. Aplicação Prática: Separação do CHA em Competências Técnicas e Competências Comportamentais

A proposta é ter dois grupos de competências chamados Competências Técnicas e Competências Comportamentais.

### 1.4.2.1. Competências Técnicas

As Competências Técnicas são todos os conhecimentos específicos ou ferramentas que o servidor precisa conhecer e dominar para realizar as atribuições inerentes à sua função ou papel, tais como legislação, aplicativos de informática, softwares de gestão, metodologias, idiomas etc.

Apresentamos alguns exemplos de competências técnicas, embora nem todas sejam exclusivas para empresas do setor público:

- Administração Financeira Orçamentária.
- Orçamento Público.
- Sistema FIPLAN – Módulo Financeiro.
- Sistema FIPLAN – Módulo Planejamento.
- Contabilidade.
- Governança Corporativa.
- Direito Tributário.
- Planejamento Estratégico.
- Gestão de Projetos.
- Redação Oficial.
- Word.
- Excel.
- PowerPoint.
- Inglês.

Competências Técnicas são a união do CH do CHA – Conhecimento e Habilidade – e se justifica pelo fato da desnecessidade e, em vários casos, da impossibilidade de se avaliar o conhecimento desassociado da habilidade da maioria delas.

De maneira geral, o conhecimento se avalia por meio de uma prova teórica, como o que acontece em um concurso público. E aí entra a questão: Qual é a necessidade de se aplicar uma prova teórica para identificar o que um servidor conhece de Excel, por exemplo? Seria trabalhar para a burocracia e, ainda, sem levar a um aproveitamento prático.

O que importa, no caso da competência utilizada no exemplo, é se o servidor utiliza a ferramenta de maneira prática, ou seja, se ele tem habilidade na sua utilização para um fim específico.

Por outro lado, para identificar se um servidor tem a tal habilidade, o meio de mensuração seria por uma avaliação prática, ou seja, colocar o servidor em um computador, entregar um trabalho para ele realizar e então, pautado em determinados critérios previamente estabelecidos, chegar à nota da sua avaliação. Mais uma vez, estaríamos trabalhando para a burocracia, pois isso seria completamente inviável, ainda mais nas dimensões da quantidade de pessoal do setor público.

Imagino que o leitor deva estar com um questionamento de como mensurar o conhecimento e habilidade juntos. A resposta está em um formato de avaliação líder e liderado por um instrumento que traz as competências técnicas que o servidor deve ter associado com uma escala em que possa ser registrada a proficiência observada e constatada em um período.

O objetivo é utilizar uma escala homogênea para todas as competências, porém pode ocorrer que alguma competência tenha a necessidade de ter uma escala específica para melhor mensuração, como a do exemplo a seguir.

| Nível | Especificação |
|---|---|
| 0 | Não tem conhecimento |
| 1 | Tem conhecimento |
| 2 | Tem conhecimento e prática nível básico |
| 3 | Tem conhecimento e prática nível intermediário |
| 4 | Tem conhecimento e prática nível avançado |
| 5 | Especialista |

A maneira de realizar a identificação das competências técnicas utilizada nos projetos conduzidos pela Leme Consultoria é apresentada pelos autores Euclides B. Junior e Renan Sinachi no Capítulo 3, Item 3.7, em que eles registram a Metodologia do Inventário de Atribuições por Produto que nasceu do aprimoramento da metodologia utilizada por nossa consultoria para descrição de função que é extremamente aderente à realidade de empresas do setor público.

### 1.4.2.2. Competências Comportamentais

Competências Comportamentais são as atitudes de um profissional que impactam nos seus resultados e desempenho. Elas constituem o diferencial competitivo de cada profissional. É o A do CHA.

Foco em Resultado, Liderança, Comunicação, Trabalho em Equipe, Comprometimento, são alguns exemplos de Competências Comportamentais.

Utilizando uma metáfora, podemos afirmar que o significado e a abrangência de uma competência comportamental são amplos, como um universo, representado pela circunferência completa da figura abaixo.

Entretanto, apenas uma parte deste universo é necessária para uma empresa – a parte mais clara da Figura 1. Nela está o significado daquela Competência Comportamental para a instituição.

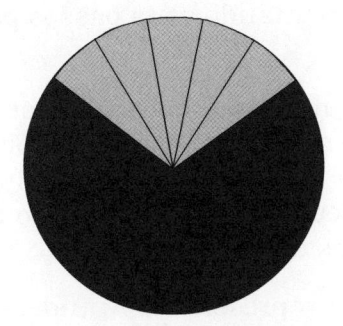

**Figura 1.** Metáfora do significado e abrangência de uma Competência Comportamental.

### Comportamento Não É Atitude!

Nós podemos observar nas pessoas seus comportamentos e não as suas atitudes. Cada fatia da Figura 1 representa um comportamento observável.

Comportamento é o conjunto das reações que podem ser observadas em um indivíduo. As atitudes são que orientam os nossos comportamentos e não são, portanto, os comportamentos em si.

Não podemos observar as Atitudes nas Pessoas. O que podemos observar são os seus Comportamentos. Confuso? Vamos recorrer aos velhos contos infantis, especificamente a história do Pinóquio, para mais uma metáfora.

Pinóquio, o boneco de madeira que tinha vida e queria ser gente de verdade, para realizar seu sonho tinha que cumprir uma missão: ser um bom menino (ou seria ser um bom boneco?).

Enfim, podíamos observar o que ele fazia, como não ir à escola e um monte de coisas erradas. – Estes são os COMPORTAMENTOS, aquilo que nós podemos observar.

A história traz, também, outro personagem, o Grilo Falante, que tinha como incumbência ser a consciência do Pinóquio.

Pinóquio tinha de um lado as tentações do mundo e do outro o Grilo Falante orientando seus passos para que ele pudesse realizar seu sonho.

Se o Grilo Falante fosse invisível nesta história para nós, mas continuasse a orientar o Pinóquio, observando o boneco não conseguiríamos ter a certeza de exatamente o que fez o Pinóquio alcançar o seu sonho, mas, mesmo assim, continuaríamos observando seus comportamentos.

O Grilo Falante representa a Atitude, ou seja, a Atitude é aquela "vozinha" interior que nos diz "faça assim" ou "não faça aquilo".

Em nós, podemos saber o que a voz interior está nos falando, mas não podemos "ver" essa voz nos outros. Muitas vezes deduzimos as atitudes das pessoas, mas não as vemos, efetivamente. – Por isso não podemos ver as Atitudes, somente os comportamentos.

Isso não significa que o CHA está errado, ou o que o A deveria ser C, formando o CHC.

Na realidade, isto significa um alerta, pois não podemos fazer gestão por competências querendo controlar os comportamentos das pessoas. Isso não motiva nem tampouco desafia as pessoas.

O desafio é fazer Gestão por Competências com o A do CHA, que significa não gerir comportamento, mas sim desenvolver as atitudes das pessoas, para que seus comportamentos estejam adequados. Impossível? Não! Marcia Vespa, especialista em desenvolvimento humano, apresenta essa diretriz no Capítulo 6.

O Capítulo 2 apresenta como fazer o mapeamento de Competências Comportamentais pela Metodologia do Inventário Comportamental para Mapeamento de Competências. Por ora, temos o que precisamos para prosseguir.

## 1.5. A AMPLIAÇÃO DO CONCEITO DE COMPETÊNCIAS: CONCEITO DA ENTREGA DO SERVIDOR

A definição de Competências de Scott B. Parry apresentada no Item 2.2. traz um fragmento que merece uma atenção especial quando diz que o CHA **se relaciona com o desempenho**. Isso significa que apenas Conhecimento, Habilidade e Atitude por si só **não são desempenho**.

Portanto, podemos concluir que as empresas que fazem um processo de mapeamento de competências, independentemente da metodologia adotada, e avaliam tais competências dizendo que estão fazendo uma Avaliação de Desempenho estão cometendo um **grande equívoco**, isto porque AVALIAÇÃO DE COMPETÊNCIAS não é AVALIAÇÃO DE DESEMPENHO.

Com todo o respeito aos servidores, mas não importa as competências que um servidor tenha. O que importa são as competências que ele entrega, pois se ele tem a competência e não entrega, de nada adianta para a organização.

Competências não é Desempenho! Competências é a matéria-prima para o desempenho.

É preciso ampliar o conceito de competências elevando-o a um patamar mais pragmático e que permita uma integração clara com os objetivos da organização, para que possamos comprovar os benefícios de uma Gestão Estratégica de Pessoas alinhada aos objetivos organizacionais.

**Ampliação do Conceito de Competências**

- Técnica
- Comportamental
- Resultados
- Complexidade (Responsabilidades)

**Entrega do Servidor**
**CDS** – Coeficiente de Desempenho do Servidor

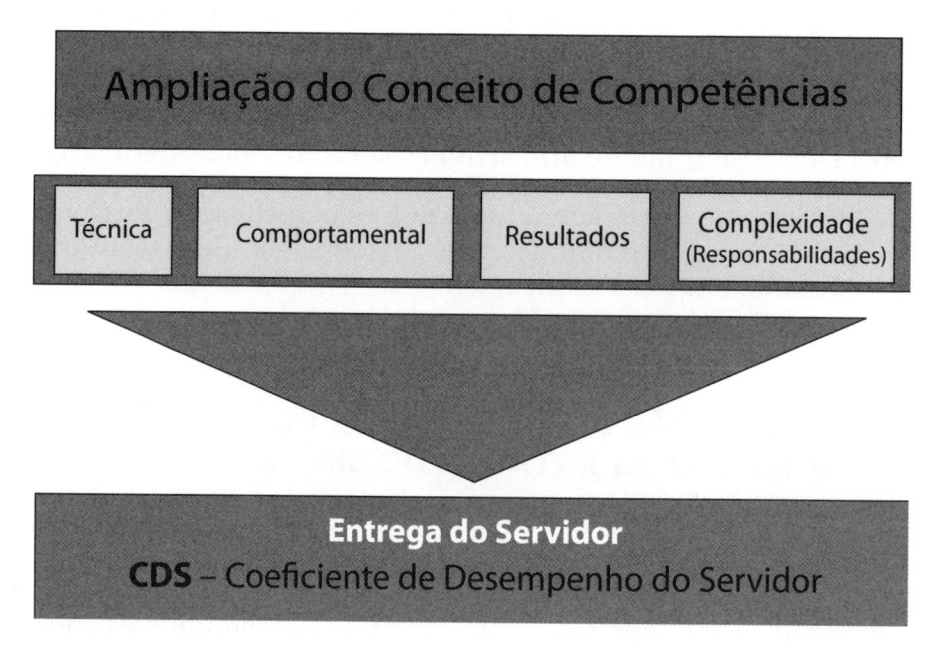

**Figura 2:** Conceito de entrega e a Ampliação do Conceito de Competências.

O Conceito de Entrega foi trabalhado por mim em meu segundo livro *Avaliação de Desempenho com Foco em Competência*, em que apresento a metodologia que tem o mesmo nome do livro, cuja mensuração do desempenho do servidor é à composição de quatro perspectivas básicas:

- Competência Técnica.
- Competência Comportamental.
- Resultados.
- Complexidade.

### 1.5.1. A Perspectiva Resultados e o Alinhamento com a Estratégia Organizacional

As duas primeiras perspectivas têm origem no CHA das competências. A perspectiva Resultados são os resultados, metas e os objetivos traçados para o servidor.

A importância de esta perspectiva compor a Avaliação de Desempenho com Foco em Competências se justifica pelo fato de que não adianta um servidor ter competência técnica, ter competência comportamental, mas não gerar resultados.

Então avaliação de desempenho não seria exclusivamente resultados? Há tempos, poderíamos até dizer que sim, porém a demanda do mundo e da gestão contemporânea não nos permite mais esta leitura, pois ela pode passar a seguinte mensagem equivocada aos servidores: "Desempenho é resultado, portanto, atinja o resultado a qualquer custo, mesmo passando por cima de tudo e de todos, inclusive dos valores organizacionais!." Será que é isso que queremos? Se a resposta for sim, então, jogue este e qualquer outro livro de gestão por competências, aliás, esqueça esse tema e aquele jargão que "o maior capital de uma empresa é o seu capital humano", por favor.

O que é uma empresa a não ser as pessoas que ali trabalham? Inspirados nos princípios contábeis, um amontoado de "máquinas e equipamentos" e "móveis e utensílios". Uma empresa são as pessoas!

Portanto, os resultados são fundamentais para a existência de uma empresa, porém a maneira que estes resultados são conquistados também deve compor o desempenho. Mais um ponto para a justificativa do nome da metodologia: Avaliação de Desempenho, porém com foco em Competências.

Outra questão importante desta perspectiva é que ela representa o elo que integra Gestão de Pessoas e a Estratégia Empresarial. Na prática, a estratégia empresarial, independentemente da metodologia que for elaborada, mas considerando um exemplo de um BSC – Balanced Scorecard, tem o desdobramento em Fatores Críticos de Sucesso, Objetivos Estratégicos, Metas e Planos de Ação.

De maneira geral, os Objetivos Estratégicos compõem a perspectiva Resultados de secretários e coordenadores. As metas do planejamento são as que irão compor a Perspectiva Resultados dos gerentes ou chefes de seção, enquanto os planos de ação compõem a Perspectiva Resultados dos servidores.

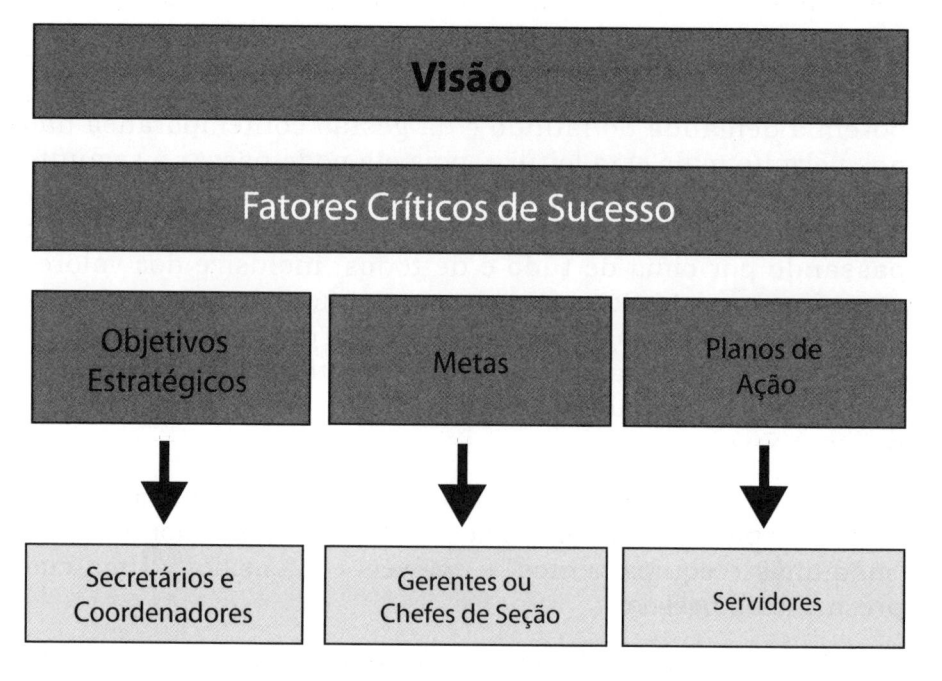

**Figura 3.** Desdobramento da Estratégia e Integração com a Avaliação de Desempenho com Foco em Competências.

## 1.5.2. A Perspectiva Complexidade

Para provocar um novo olhar com o objetivo de completar o conceito da Avaliação de Desempenho com Foco em Competências, considere um servidor que seja ótimo tecnicamente e ótimo na parte comportamental e, ainda, que tenha atingido todas as metas que foram traçadas para ele.

Porém, embora este servidor tenha obtido tal êxito, considere que ele tenha deixado de realizar alguma das suas atribuições que são de sua responsabilidade e que estão registradas no documento chamado Descrição de Função.

A pergunta é: Podemos afirmar que o servidor do exemplo teve um desempenho de 100%? Claro que não, afinal, ele não cumpriu com perfeição algo que é claro que ele deveria fazer.

Portanto, a Perspectiva Complexidade tem como objetivo avaliar a qualidade com que o servidor realiza suas atribuições, pois elas refletem na sua ENTREGA em relação às expectativas do desempenho da função que o servidor ocupa.

Provavelmente, o amigo leitor esteja pensando: "Mas isso já não estaria apurado na Perspectiva Resultados?" A resposta é "não obrigatoriamente".

Toda meta é oriunda de uma atribuição, mas não são todas as atribuições que geram, obrigatoriamente, uma meta. Vejamos um exemplo para a atribuição trabalhada no Item 1.4:

"Elaborar Notas, Ofícios e Memorandos referentes
aos programas de refinanciamento."

Até pode existir uma meta na gerência ou no setor estabelecendo que as notas, ofícios e memorandos sejam publicados em até 48 horas após o fato gerador. Esta seria apurada na Perspectiva Resultados.

Entretanto, considere que tal meta não exista formalmente para esta atribuição, o que é mais provável. Não seria importante, então, avaliarmos a qualidade com que o servidor cumpre tal atribuição, uma vez que, se ele não realizar com qualidade, isso impacta em seu desempenho?

Novamente, o amigo leitor deve estar pensando: "Mas isso não ocorre pelo fato de ele não ter desenvolvido uma competência técnica?". Mais uma vez é "não obrigatoriamente".

Claro que pode ser a falta de uma competência técnica, mas isso não é regra. Por exemplo, o servidor pode ter a competência técnica mas não gostar de fazer tal tarefa ou, ainda, considerar que essa atribuição não deveria ser responsabilidade dele.

Se ficarmos apenas com a crença da hipótese da falta de competência técnica, a primeira coisa a ser feita seria colocá-lo em um treinamento. Mas, se o motivo da baixa qualidade da entrega estiver relacionado ao fato de ele considerar que aquela atribuição não deveria ser executada por ele, levando-o à desmotivação de realizá-la com qualidade, imagine para onde iria a motivação do servidor ao ser inscrito em um treinamento para desenvolver uma competência técnica que ele já possui desenvolvida?

Além disso, vamos pensar na utilização dos recursos financeiros para investir em treinamento. Não estaríamos aplicando um precioso dinheiro público, muitas vezes extremamente escasso, para treinar um servidor que não precisa ser capacitado naquela competência?

A maneira de termos informações para o melhor diagnóstico e proporcionar um feedback efetivo é fazer o cruzamento das quatro perspectivas que compõem a entrega do servidor, de acordo com a metodologia proposta. Não faz sentido, agora?

### 1.5.2.1. Por que o Termo Complexidade e Não Responsabilidade

Uma vez que a perspectiva complexidade avalia a qualidade que o servidor executa suas responsabilidades – atribuições –, você pode estar curioso em querer saber o porquê do termo complexidade e não responsabilidade nesta perspectiva.

O fato é que as responsabilidades que o servidor executa dimensionam o nível de complexidade da sua função.

Conforme subimos na hierarquia da organização, maiores são os impactos e dificuldades de execução das atribuições de uma função. Estes fatos, assim como as funções que necessitem de alta especialização, caracterizam o grau de complexidade de uma função.

Portanto, o objetivo ao avaliar um servidor nesta perspectiva é, justamente, perceber qual o grau de complexidade que o servidor está apto a exercer.

Le Boterf, em seu livro *Desenvolvendo a Competência dos Profissionais*, define como profissional "aquele que administra uma situação profissional complexa". Dutra complementa o significado de complexidade como "o conjunto de características objetivas de uma situação as quais estão em um processo contínuo de transformação".

Portanto, os itens que contemplam esta perspectiva não são processuais e podem sofrer "mutações" a cada nova execução, exigindo a aplicação de conceitos, a materialização de ideias, da análise da interdependência entre as tarefas, enfim, como a própria definição do dicionário para o termo complexidade diz, a execução dessas atividades "abrange ou encerra muitos elementos ou partes".

Para ter um Sistema de Gestão de Pessoas Estratégico é preciso conhecer qual o grau de complexidade que os servidores executam e que possam vir a executar, justamente para canalizar os esforços e montar a estratégia para atingir os resultados organizacionais, materializando a visão da instituição.

Existem graus diferentes de complexidade nas responsabilidades executadas pelos servidores, e, para poder mensurá-los, apresentamos um conceito da classificação de impacto e dificuldade para cada responsabilidade.

## 1.5.2.2. Classificação do Grau de Complexidade das Atribuições

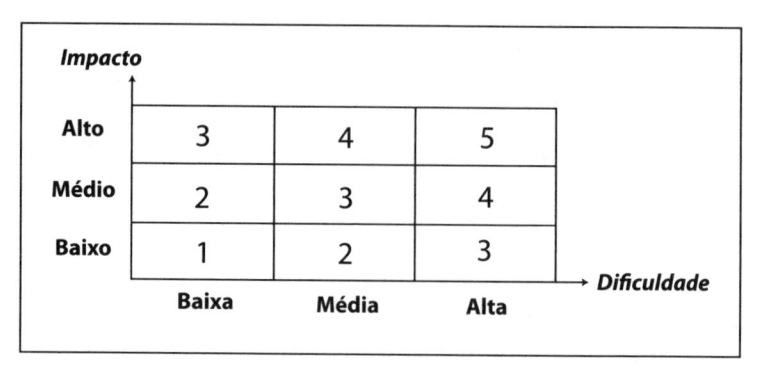

| Impacto | Dificuldade Baixa | Dificuldade Média | Dificuldade Alta |
|---|---|---|---|
| Alto | 3 | 4 | 5 |
| Médio | 2 | 3 | 4 |
| Baixo | 1 | 2 | 3 |

**Classificação de Impacto e Dificuldade das Responsabilidades, base para gerar a Complexidade da Função**

Do cruzamento da dificuldade e do impacto, encontramos o grau complexidade da responsabilidade. Por exemplo, uma responsabilidade com dificuldade média e alto impacto na organização é classificada com grau 4, e uma outra, de mesma dificuldade, mas baixo impacto, será grau 2.

O fluxo visto na Figura 4 traz uma sequência para a classificação do Impacto e Dificuldade das atribuições de uma função. É importante ressaltar que a análise do impacto e da dificuldade deve ser feita na instância direta, pois, caso contrário, todas as classificações provavelmente terão classificação Alta/Alto, o que não é coerente.

Os conceitos aqui apresentados são generalistas, cabendo adaptações para cada empresa em que a metodologia for aplicada.

## 1.5.2.3. Complexidade e o Espaço Ocupacional

Alguns relevantes conceitos sobre competências tratam de um assunto chamado Espaço Ocupacional, que, muitas vezes, é de difícil visualização e compreensão pelas pessoas, por ser uma questão muito técnica em Gestão por Competências.

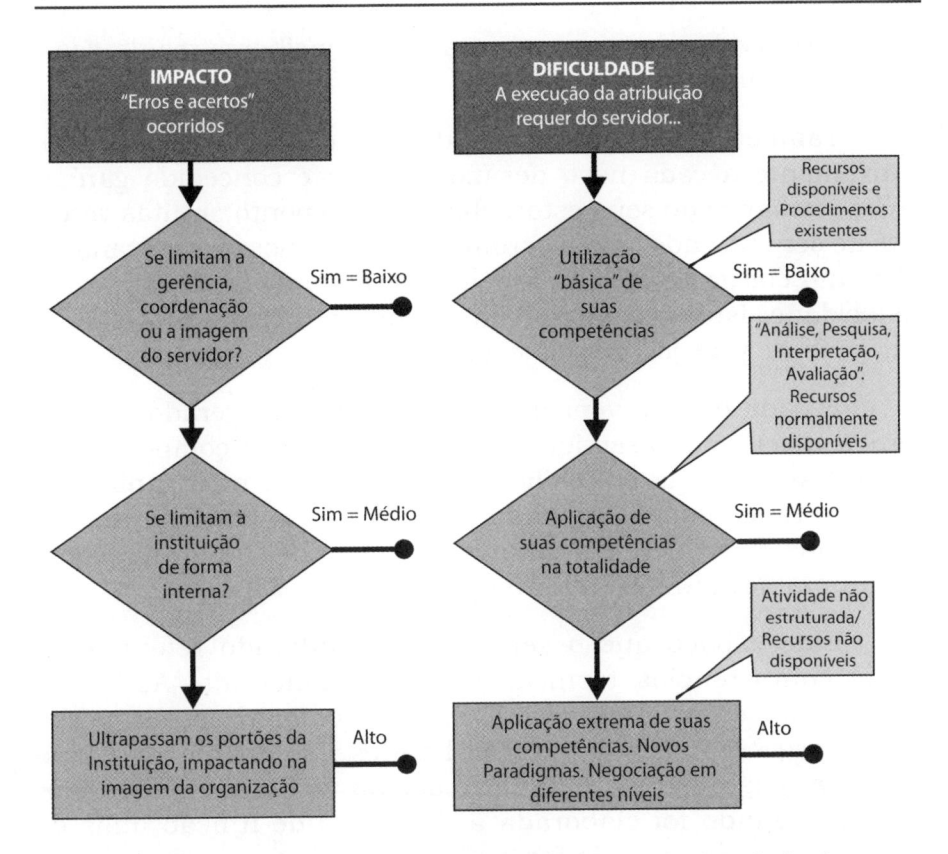

**Figura 4.** Diretrizes de Classificação da Complexidade de uma Atribuição.

Meu desafio, aqui, é apresentar este conceito de maneira a ser facilmente compreendido pelos gestores que precisam enxergá-lo e a sua aplicação prática.

Um servidor possui determinado nível de competência e, pela metodologia da Avaliação de Desempenho com Foco em Competências, podemos visualizar sua entrega por meio de um número, chamado Coeficiente de Desempenho do Servidor, que será apresentado em detalhes no Item 1.5.3.

É fato, no dia a dia, ser comum que os gestores distribuam as atribuições e metas aos servidores que lideram de forma empírica, sem o auxílio de sistemas, utilizando as competências de cada servidor de forma a tentar obter melhores resultados e mais rapidamente.

Também é comum um servidor que consiga responder positivamente a cada novo desafio que lhe é concedido ganhar mais confiança do seu gestor, chegando ao ponto, muitas vezes, até de ser sufocado com o acúmulo de trabalhos, comparando-o com um colega de mesma função que não responde na mesma velocidade. Isto passa a ser um grande problema de gestão, e certamente você já viu essa cena.

A cada desafio vencido, a cada resultado gerado, a cada tarefa executada, o servidor vai adquirindo mais competências, mais respeito, mais credibilidade e mais espaço na organização. Não exatamente conquistando novas funções, pois, nesta análise, considere que ele ainda não foi reconhecido formalmente com uma nova função ou promoção.

Este espaço que o servidor vai ganhando refere-se às suas competências técnicas e comportamentais. As metas que ele passa a desenvolver são mais complexas, ele passa a cumprir com suas responsabilidades não apenas de forma perfeita, exatamente como deve ser ou como havia sido planejado quando foi elaborada a descrição de função, mas de forma até a superar, de fazer além daquilo que está registrado na descrição de função, agregando valor ao seu trabalho, agregando valor à organização.

Essas características resumem-se no chamado Espaço Ocupacional, foco desta discussão.

O método proposto pela Metodologia da Avaliação de Desempenho com Foco em Competências para a quantificação do Espaço Ocupacional está baseado na avaliação da qualidade com que o servidor executa suas responsabilidades, ou seja, a perspectiva complexidade da Avaliação de Desempenho com Foco em Competências.

Você pode concluir que a minha explicação no parágrafo anterior foi além das responsabilidades, tangendo as competências, mas a aplicação das competências resulta nas ações que os servidores executam, como, por exemplo, as responsabilidades.

Portanto, ao avaliar as responsabilidades temos condições de avaliar se o servidor está aquém ou além da complexidade do espaço ocupacional que ele pode exercer.

Vou utilizar a imagem de um copo d'água para fazer uma metáfora, sendo que a água depositada no copo representará o espaço ocupacional do servidor.

Cada função tem suas responsabilidades, que, uma vez classificados o impacto e a dificuldade, pode ser determinado o grau de complexidade da função e que, na metáfora, estas caracterizam o tamanho do copo d'água.

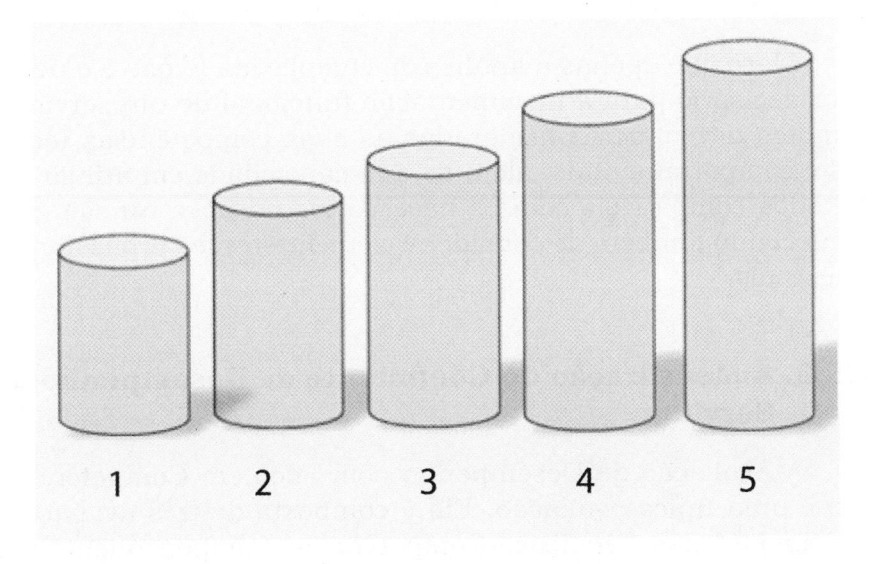

**Figura 5.** Metáfora do copo d'água para a avaliação do Espaço Ocupacional do Servidor.

Se um servidor cumprir todas suas responsabilidades de forma precisa, ele será 100%, ou seja, ele colocará água no copo o suficiente para que este fique completo, até a borda.

Da mesma forma, se um servidor cumprir suas responsabilidades de forma "boa", o que equivale a 80% de acordo com a escala adotada, faltará água no copo.

Se as responsabilidades forem classificadas como "supera", ou seja, mais do que 100%, o copo d'água irá transbordar, evidenciando que o servidor precisa de um copo d'água maior.

Isso equivale a dizer que o servidor está com o seu espaço ocupacional transbordando, ou seja, o seu espaço ocupacional é maior do que a função que ele executa oferece. Tal fato indica que esse servidor tem condições de executar responsabilidades mais complexas e podemos e devemos explorar essas características nele.

Temos, assim, uma importante informação para contribuir para o melhor aproveitamento do profissional.

Claro que apenas a análise da complexidade não é o único fator decisório para a movimentação funcional de um servidor. Também devem ser consideradas as suas competências técnicas e comportamentais, além de sua capacidade em atingir resultados compatíveis com os necessários na nova função, não esquecendo também de considerar seus interesses profissionais e pessoais.

### 1.5.3. A Mensuração do Coeficiente de Desempenho do Servidor

A Avaliação de Desempenho com Foco em Competências não é uma única avaliação. Ela é composta de três avaliações – Competências Técnicas, Competências Comportamentais e Avaliação das Responsabilidades que compõem a perspectiva Complexidade – e de uma apuração de Resultados – que são as metas que o servidor deve atingir.

Portanto, o Coeficiente de Desempenho do Servidor – CDS é uma média do resultado obtido pelo servidor em cada uma das perspectivas. Veja a Tabela 2.

**Tabela 2:** *Cálculo do CDS por média simples*

| Perspectiva | Percentual de Desempenho da Perspectiva |
|---|---|
| Técnica | 73 % |
| Comportamental | 87% |
| Resultados | 90% |
| Complexidade | 80% |
| Soma dos Percentuais | 330 |
| Quantidade de Perspectivas | 4 |
| CDS | 82,5% |

O cálculo acima demonstra que o servidor do exemplo teve um desempenho pelo Conceito da Entrega de 82,5%.

É importante ressaltar que tal coeficiente não tem como objetivo expressar a incompetência de um servidor, aliás, se isto não for muito bem esclarecido aos servidores, por questões culturais, o projeto corre o risco de perder a força.

A análise do CDS tem como objetivo mensurar o quanto o servidor está entregando e em qual perspectiva ele tem a necessidade de ser desenvolvido.

As políticas de consequência, ou seja, o que pode ser feito com o CDS, serão abordadas no Capítulo 4.

Entretanto, é possível fazer uma ponderação no cálculo do CDS dos servidores. Tal possibilidade se justifica pelo fato de que os servidores executam funções diferentes, e a expectativa de desempenho de um servidor em determinada função pode requerer mais de uma perspectiva em relação à outra.

Por exemplo, para um servidor que realiza atendimento ao cidadão a perspectiva comportamental pode ser mais relevante para compor o desempenho do que para um servidor que realiza cálculos de dívidas.

Temos ainda o exemplo de um secretário ou coordenador que demandam a realização de atribuições de maior complexidade, sendo que deles, em alguns casos, as competências técnicas tenham menor impacto no seu desempenho.

Essa ponderação entre as perspectivas deve ser previamente estabelecida e comunicada para os servidores. Pode haver, inclusive, uma ponderação específica para determinadas funções de especializações ligadas à área fim da instituição, como, por exemplo, os servidores que trabalham na fiscalização de uma Secretaria de Fazenda.

Veja um exemplo de ponderação e como ficaria o CDS do exemplo anterior, considerando a distribuição para uma função associada aos servidores.

**Tabela 3:** *Exemplo de Ponderação para Cálculo do CDS por nível hierárquico*

| Funções | Técnica | Comportamental | Resultados | Complexidade |
|---|---|---|---|---|
| Secretários ou Coordenadores | 10% | 30% | 30% | 30% |
| Gerentes ou Chefes de Seção | 20% | 30% | 30% | 20% |
| Servidores | 30% | 30% | 20% | 20% |

**Tabela 4:** *Cálculo do CDS por média ponderada*

| Perspectiva | Percentual de Desempenho da Perspectiva | Ponderação (referência coordenador) | Pontos |
|---|---|---|---|
| Técnica | 73 % | 10% | 7,3 |
| Comportamental | 87% | 30% | 26,1 |
| Resultados | 90% | 30% | 27,0 |
| Complexidade | 80% | 30% | 24,0 |
| Soma dos Pontos | | | 84,4 |
| CDS | | | 84,4% |

Essas quatro perspectivas, então, compõem o Coeficiente de Desempenho do Servidor, o CDS, que mensura a efetiva a Entrega do servidor para a organização, ou seja, suas competências, mas agora no sentido amplo e não limitado apenas ao CHA.

O CDS é a base para os demais subsistemas de Recursos Humanos, como será apresentado no Capítulo 4.

## 1.6. CONSIDERAÇÕES FINAIS DO CAPÍTULO

Os conceitos de Entrega, Complexidade e do Espaço Ocupacional são preocupações e alertas de diversos autores, como citado neste livro.

O que a proposta da Metodologia da Avaliação de Desempenho com Foco em Competências faz é, na realidade, organizar, sistematizar colocar em uma linha lógica de um agrupamento nas quatro perspectivas que as compõem:

- Competência Técnica.
- Competência Comportamental.
- Resultados.
- Complexidade.

Trata-se de uma organização estruturada, cujo resultante destas é um índice chamado Coeficiente de Desempenho do Servidor, que pode ser utilizado para elaborar as políticas de Recursos Humanos pautadas na **TRANSPARÊNCIA** e **MERITOCRACIA**, que são as palavras de ordem na Gestão de Pessoas Contemporânea para o Setor Público.

Tenho a obrigação em trazer alguns importantes alertas para o leitor que irá desenvolver um programa de Gestão por Competências ou mesmo para as Instituições que já o possuam, sendo para estas uma oportunidade de reflexão do instrumento que utiliza como a infraestrutura básica da Gestão de Pessoas.

Estes alertas tangem alguns equívocos que tenho observado em projetos de Gestão por Competências cometidos por empresas públicas e privadas e que podem impactar tecnicamente na CREDIBILIDADE necessária para fazer valer e acontecer efetivamente a Gestão por Competências.

1. Executar uma avaliação comportamental pautada no conceito

   Criar um instrumento de mensuração de competências comportamentais que avalia o conceito da competência é subjetivo, pois o conceito apresenta várias características e apenas uma única nota a ser considerada. Além da avaliação ser subjetiva, o instrumento não gera informações precisas sobre as necessidades de desenvolvimento.

2. Ter, em uma frase a ser avaliada, mais de um comportamento

   Já tive contato com alguns instrumentos que avaliam comportamentos, porém numa mesma questão a ser investigada havia mais de um comportamento. Isso é um equívoco, pois a nota do item acaba sendo subjetiva, pois o servidor pode realizar um comportamento e o outro não.

3. Utilizar uma escala evolutiva para avaliar competências comportamentais

   Talvez este seja um dos erros mais comuns e que as empresas não enxergam. Fico admirado!

   Este caso é quando uma competência a ser avaliada tem frases conceituais que classificam o perfil do colaborador naquele nível. Normalmente são dois problemas.

   O primeiro é o fato de que, até pela característica da conceituação do nível de proficiência da competência ser longa, geralmente, sempre há mais de um comportamento naquele nível e nem sempre um servidor tem, obrigatoriamente, todas as características comportamentais apresentadas no nível em questão desenvolvidas.

Somente este problema seria o suficiente para não utilizar este modelo, mas o pior é que o modelo pressupõe que o avaliado que estiver em um determinado nível tenha todos os comportamentos dos níveis anteriores já desenvolvidos. Particularmente, isso me incomoda muito, pois é claro que o comportamento humano não é assim.

De tanto que me incomoda, chamo esta escala "carinhosamente" de "Escala Pokémon", que é um desenho japonês que tem uns bichinhos que vão ganhando poderes conforme eles evoluem.

4. Utilizar escalas longas para avaliar comportamentos

    É comum encontrar nas empresas escalas de avaliação variando de 0 a 10. A utilização desta escala para este tipo de aplicação, ao meu modo de ver, é totalmente equivocada.

    É simples de comprovar. Se você fizer um treinamento com um profissional altamente gabaritado, autor de artigos, de livros, professor em universidades reconhecidas, mas em um treinamento que ele conduziu ele não foi tão bem, ao avaliar "sua condução" em uma escala de 0 a 10 pontos, com muito rigor você dará nota 7 para ele.

    Se fizermos uma conversão de uma escala de 0 a 10 para uma escala de 0 a 5 pontos, veja a nota que você deu para o instrutor!

| 1 | 2 | 3 | 4 | 5 | 6 | 7 | 8 | 9 | 10 |
|---|---|---|---|---|---|---|---|---|---|
| 1 || 2 || 3 || 4 || 5 ||

    Escalas longas mascaram ineficiências, deixando de evidenciar oportunidades de melhoria da mesma maneira que uma escala curta.

5. Utilizar uma escala para avaliação comportamental que inicia em 1, exemplo de 1 a 5

Considero que a utilização de uma escala de 1 a 5 é incoerente para a utilização de qualquer atividade de Gestão por Competências, pois, além de ter alternativa central, ela não permite a possibilidade de ter a situação de um comportamento com nível 0, que significa que o colaborador não tem aquele comportamento, o que não é improvável.

Outro detalhe é que uma das formas de apresentação do resultado de uma avaliação é uma representação gráfica, reforçando a incoerência desta escala, pois o resultado seria um gráfico que começasse seu eixo das abscissas (eixo do x) em nível 1 em vez de 0, o que, convenhamos, é estranho.

6. Utilizar uma escala para avaliação comportamental com a alternativa "supera"

   Uma avaliação de Competência Comportamental deve avaliar comportamento. Por sua vez, a maneira de avaliar comportamento é pela frequência que ele é apresentado de acordo com a expectativa que ele representa.

   Isso significa que não faz sentido a opção "supera" numa escala comportamental, pois não é possível ter um comportamento mais do que 100% das vezes que for necessário.

   Analisando um comportamento isolado, por exemplo, "Dar retorno ao cliente" eu posso apresentar esse comportamento no máximo todas às vezes que forem necessárias, mas jamais eu posso superar os 100%.

   Certamente você deve estar pensando, "mas, e se além de dar retorno ao cliente eu consigo compreender sua necessidade e tomar todas as providências para atendê-lo?".

   Quando falamos de um processo de avaliação com o objetivo de reduzir a subjetividade devemos ter identificado os comportamentos isoladamente. Assim, no exemplo utilizado, temos três comportamentos:

1. Dar retorno ao cliente.

2. Compreender a necessidade do cliente.

3. Tomar as providências necessárias para resolver o problema do cliente.

Cada um deles deve ser avaliado individualmente, pois posso fazer o primeiro e o segundo, mas não fazer o terceiro.

Se unirmos todos num único indicador, a economia de indicadores estará gerando uma subjetividade e uma imprecisão na informação.

7. Misturar em uma Competência questões inerentes à responsabilidade (atribuições) e também comportamento

Misturar atribuições, comportamentos e algumas vezes até competência técnica e chamar tudo de uma determinada competência pode trazer falta de clareza para avaliado e avaliador, complicar a compreensão efetivamente do que significa uma competência e prejudicar o processo de identificação das necessidades de treinamento, até mesmo por estas precisarem de escalas de mensuração diferentes.

É preciso ter cuidado para que não se caia nesta armadilha, principalmente se estiver utilizando metodologias que não tenham a separação entre as perspectivas ou que sejam macro com grande grau de subjetividade.

Estes são os principais cuidados que você deve tomar. Caso o instrumento que já é utilizado em sua empresa apresente algumas destas questões, recomendo que seja feita uma rigorosa análise técnica e realizar os ajustes necessários, mesmo que estes requeiram sacrifícios, investimentos e tempo. Não recomendo que fique com alguns problemas, seja por qual motivo for. É melhor fazer a intervenção antes de pôr o projeto a perder.

Outra questão que me deparo são empresas tentando fazer Gestão por Competências com formulários de papel e planilhas eletrônicas. Esta é uma questão impraticável nos dias de hoje.

Existem soluções de investimento muito acessíveis. No Capítulo 7, Elsimar Gonçalves apresenta algumas características que um software de Gestão por Competências deve contemplar.

Um alerta, que na realidade é uma regra fundamental na Metodologia da Avaliação de Desempenho com Foco em Competências:

> *Não inicie uma avaliação de desempenho pela avaliação, pois somente pode ser avaliado o desempenho daquilo que fora empenhado.*
>
> *Rogerio Leme*

Esta frase é autossuficiente, mas, como um reforço, olhe para a palavra DESEMPENHO e tire as três primeiras letras!

Cumprir essa regra ajuda muito na implantação de um projeto como esse em uma empresa do setor público.

Portanto, é preciso fazer a descrição de função, o mapeamento das competências técnicas e comportamentais e, então, o empenho das expectativas de entrega do servidor. Somente depois é que deve ser feita a Avaliação de Desempenho com Foco em Competências.

Para atender este requisito, nos projetos que realizo chamo o primeiro ciclo de Avaliação de Competências, pois somente as competências técnicas e comportamentais são avaliadas e, mesmo assim, deixando muito claro para os servidores que não haverá políticas de consequências para aquela avaliação (muito menos de qualquer tipo de remuneração), a não ser o plano de desenvolvimento dos servidores.

Somente depois que a cultura de avaliação estiver instaurada é que partiremos para as políticas de consequência extracapacitação, conforme será visto no Capítulo 4.

E para finalizar, gostaria de registar que o objetivo desta metodologia não é implantar uma cultura tarefeira em que as pessoas irão executar somente o que estiver na caixinha da sua descrição de função, até mesmo limitando o potencial do servidor. Este seria um erro fatal.

O fato é que as empresas públicas e privadas precisam de um método que possa evoluir conforme aumenta o nível de maturidade da empresa sem perder os pilares de sustentação do modelo adotado.

O método deve permitir avaliar servidores que tenham funções estratégicas ou de especialistas e que possam ser avaliados também de maneira mais estratégica e, por que não, de maneira mais macro, mesmo com um grau de subjetividade maior, demandando um nível de abstração e maturidade maior dos avaliadores e de maturidade e compreensão dos servidores avaliados.

Entretanto, ao mesmo tempo, o método também deve permitir avaliar funções mais operacionais ou funções que não tenham servidores com o mesmo grau de maturidade, exigindo maior clareza e especificação detalhada de suas expectativas de entrega.

E ainda, o método precisa fazer a consolidação de ambos os estilos dessas avaliações, mantendo seus pilares de sustentação e integração com os demais subsistemas de Recursos Humanos.

Até mesmo em instituições que podemos afirmar que os servidores têm um excelente nível de esclarecimento é indiscutível a necessidade de, em um primeiro passo, ser mais específico, deixar muito claro, bem característico de um processo de avaliação no setor público.

Considere que, se não há a descrição de função com as especificações das atribuições e competências, significa que nunca deixaram claro para o servidor as expectativas do que se espera dele. Iniciar por um processo macro que requer um alto grau de maturidade, em bom português, é dar o passo maior do que a perna.

É preciso alcançar o ideal e, para isso, é preciso dar o primeiro passo em busca deste ideal. Mas não podemos colocar nosso pé para dar este passo a uma distância que não tenhamos pernas para alcançá-lo, a ponto de provocar uma queda, pois a queda pode machucar, ou até mesmo impossibilitar de voltar a andar.

Assim, o modelo proposto permite a evolução com o amadurecimento da organização, sem desprezar o trabalho já realizado.

# CAPÍTULO 2

# METODOLOGIA DO INVENTÁRIO COMPORTAMENTAL PARA MAPEAMENTO DE COMPETÊNCIAS

ROGERIO LEME

## 2.1. INTRODUÇÃO

O objetivo deste capítulo é apresentar um resumo da Metodologia do Inventário Comportamental para Mapeamento de Competências.

Trata-se de uma metodologia prática, rápida e que traz muitos benefícios para o processo do mapeamento das Competências Comportamentais, principalmente pelo viés matemático que permite a redução da subjetividade de maneira mais pragmática, indo ao encontro das necessidades culturais do Setor Público.

## 2.2. CARACTERÍSTICAS DO INVENTÁRIO COMPORTAMENTAL

- *É baseado no conceito de Indicadores de Competências*, o que não requer que os servidores tenham conhecimentos teóricos sobre competências.

- *Utiliza os Recursos da Própria Empresa*, pois a implantação pode ser realizada pelo próprio RH das empresas e o levantamento dos indicadores é realizado diretamente com os servidores, o que valoriza o papel de cada um na organização e caracteriza o processo por um método Construtivo e Participativo.

- *Comprovado Matematicamente*: O *Inventário Comportamental* possui respaldo matemático para cálculo do NFC – Nível de Competências da Função, do NCS – Nível de Competências do Servidor –, reduzindo a subjetividade do processo tradicional de mapeamento de Competências. De acordo com pesquisas na literatura, o *Inventário Comportamental* é a única metodologia comprovada matematicamente.

- Redução do tempo de Mapeamento e Avaliação das Competências Comportamentais, o que significa redução de custos no processo de mapeamento, permitindo que sejam transferidos os recursos de investimentos do mapeamento e a avaliação para o treinamento e desenvolvimento dos servidores.

- Aumento da assertividade, pois trabalha com indicadores construídos pela própria organização.

- Avaliações com Foco em Competências Comportamentais construídas de forma precisa e objetiva, aumentando a eficiência do processo.

- Implantação rápida, simples e em linguagem acessível, para que todos da organização entendam.

- Identificação das questões a serem aplicadas para a Avaliação com Foco em Competências, desde a Autoavaliação até a 360°.

- Base consistente para desenvolver os servidores de forma objetiva e precisa.

- Base para elaborar as questões a serem aplicadas na Entrevista Comportamental para a Seleção por Competências.

- Aplicável em empresas de qualquer porte, segmento ou número de servidores.

## 2.3. A METODOLOGIA

A metodologia tradicional de mapeamento de competências gera, logo de início, uma grande dificuldade para os servidores, pois ela exige que eles falem em competências como flexibilidade, criatividade, foco em resultado, visão sistêmica etc.

Essa não é a linguagem do dia a dia da organização e oferece uma grande dificuldade para a compreensão e implantação da Gestão por Competências.

A proposta do Inventário Comportamental é trabalhar com os Indicadores de Competências Comportamentais, que são os comportamentos que podem ser observados nas pessoas.

As pessoas apresentam a todo momento indicadores de competências comportamentais por meio de seus comportamentos diários. É fato também que nem sempre esses comportamentos são adequados, sendo que alguns precisam ser melhorados, outros desenvolvidos e outros até "implantados", por ainda não terem esses comportamentos.

O papel do Inventário Comportamental é identificar quais são esses comportamentos, os bons, os ruins e quais precisam ser "implantados/desenvolvidos" nos servidores.

O desafio é falar em competências sem usar a linguagem das competências e, principalmente, extrair dos servidores esses indicadores. Eles têm a resposta precisa para a solução desse impasse, pois, melhor do que ninguém, eles vivem a realidade da empresa diariamente.

E o que pode ser mais real e consistente que um Comportamento capaz de ser observado para definir um Indicador de Competência Comportamental?

Assim, o Inventário Comportamental traz a definição que *"O Comportamento observável é o Indicador de Competência Comportamental"*.

Definição do Inventário Comportamental:

> *O Inventário Comportamental para Mapeamento de Competências é uma Lista de Indicadores de Competências que traduz a conduta do Comportamento Ideal desejado e necessário para que a Organização possa agir alinhada a Missão, Visão, Valores e a Estratégia da Organização.*

## 2.4. A CONSTRUÇÃO DO INVENTÁRIO COMPORTAMENTAL

Vamos partir do princípio de que todo o processo de sensibilização da organização para a implantação de Gestão por Competências tenha sido executado.

O primeiro objetivo é encontrarmos as competências comportamentais organizacionais.

Existem muitas formas para fazer referência às competências de uma empresa, como competências essenciais, diferenciais, *core competence*, competências do negócio etc. O objetivo nesse momento é encontrar todas as competências comportamentais que são necessárias para a organização, independente de serem essenciais ou qualquer qualificação que possa ser dada.

Geralmente uma empresa deve ter de 8 a 15 competências (incluindo todas as competências). Mais do que isso é inviável de ser trabalhado. Algumas metodologias, profissionais ou empresas, dizem que conduzem processos com mais de 30 competências. Isso não é prático e é subjetivo, pois chega um momento que fica difícil dizer qual a diferença do trabalho em equipe e cooperativismo, por exemplo.

Como mencionado anteriormente, não iremos trabalhar com os títulos da competência, pois essa não é nossa linguagem do dia a dia. Costumo usar o seguinte exemplo para ilustrar essa afirmação: Quando passa uma pessoa por nós, não dizemos ou pensamos: "Nossa, que pessoa com Foco em Resultados!", mas somos capazes de observar os comportamentos que essa pessoa tem que nos levam à conclusão de que ela tem a competência Foco em Resultados.

Portanto, para alcançar o primeiro objetivo, a identificação das competências organizacionais, vamos escolher uma amostra de servidores de todas as funções.

Por exemplo, se uma função possuir 30 servidores, escolha de 6 a 8 servidores dessa função. Caso haja uma função exercida por 2 ou 3 servidores, podem ser escolhidos todos eles.

Não existe um percentual exato para se escolher, apenas saiba que quanto maior o número de servidores na mesma função, percentualmente esse número é menor. O importante é ter "servidores representantes" de cada uma das funções da organização.

Esses servidores serão colocados em uma sala (pode haver diversas turmas, de acordo com a capacidade da sala). Deve ser feita uma categórica exposição e sensibilização da Missão, Visão, Valores da empresa, da responsabilidade e parcela de contribuição de cada servidor, o papel do gestor na condução das pessoas para os objetivos organizacionais e explicação do que é Gestão por Competências e como ela contribui para esses objetivos.

Após essa sensibilização, é dada a notícia de que os servidores presentes ajudarão na construção da Gestão por Competências, por meio de uma atividade de observação, chamada "Gosto/Não Gosto/O Ideal Seria".

Após toda a explicação do processo, será entregue uma folha com três colunas. As colunas terão os títulos "Gosto", "Não Gosto" e "O Ideal Seria", respectivamente.

| Gosto | Não Gosto | O Ideal Seria |
|---|---|---|
|  |  |  |

Os servidores serão orientados a pensar em cada pessoa com quem ele se relaciona na organização: subordinados, superiores ou pares, clientes ou fornecedores internos. Ao pensar na primeira pessoa, o servidor deve anotar na coluna "Gosto" os comportamentos dessa pessoa que são admirados por ele e que contribuem para a organização.

Dessa mesma pessoa, porém, na coluna "Não Gosto", devem ser registrados os comportamentos que o servidor julgue que não sejam adequados, e na última coluna, "O Ideal Seria", quais os comportamentos que precisam ser "desenvolvidos" nesse servidor para que a organização atinja o MVVE – Missão, Visão, Valores e Estratégia da Empresa.

As colunas "Gosto" e "Não Gosto" traduzem os comportamentos que serão transformados em competências do hoje, enquanto a coluna "O Ideal Seria" traduz os comportamentos necessários para que a empresa possa atingir o amanhã, dado pela Visão.

### 2.4.1. Orientações para a Aplicação do "Gosto/Não Gosto/O Ideal Seria"

- Sensibilizar e destacar MVVE – Missão, Visão, Valores e Estratégia da Empresa.
- Não há limites de comportamentos a serem registrados.
- Cada servidor recebe uma única folha de Coleta.
- A reflexão deve ser feita sobre todas as pessoas com as quais o servidor se relaciona, registrando todas as frases na mesma folha.
- Não identificar quem está respondendo e de quem é o comportamento.
- Não é necessário escrever novamente um comportamento caso já esteja relacionado.

A contribuição dos servidores termina aqui. Temos diversas folhas com todos os indicadores de comportamento que a organização precisa segundo a Visão da própria organização, desde a função mais simples até a visão de futuro, representada nos indicadores gerados pela alta administração.

Diferente da metodologia tradicional que parte da análise do servidor com "Top Performance" (melhor desempenho), o Inventário Comportamental consegue atingir *todos* os servidores, por meio do registro das observações dos servidores participantes da coleta, pois, mesmo que um servidor não esteja ali, certamente ele foi observado. Além disso, a estrita observação do servidor de Top Performance, pode não traduzir o perfil ideal para o amanhã, dada pela Visão da empresa.

Assim, pela atividade da coleta temos os indicadores bons (coluna "Gosto"), os ruins (coluna "Não Gosto") e os que precisam ser "implantados/desenvolvidos" (coluna "O Ideal Seria"). Por exemplo:

| Gosto | Não Gosto | O Ideal Seria |
|---|---|---|
| - Da organização que tem com o local de trabalho.<br>- Traz soluções criativas para os problemas que parecem difíceis de resolver.<br>.... | - Não é cortês com os colegas de trabalho.<br>- Não sabe ouvir os feedbacks.<br>... | - Que fosse objetivo ao expor suas ideias.<br>- Que confraternizasse os resultados obtidos.<br>... |

O próximo passo é consolidar esses indicadores, transformando-os:

- No infinitivo.
- No sentido ideal para a organização.
- De forma afirmativa.
- Eliminando os duplicados ou de mesmo sentido.

De acordo com o exemplo acima, temos os seguintes indicadores consolidados:

- Manter o local de trabalho organizado.
- Trazer soluções criativas para os problemas que parecem difíceis de resolver.
- Ser cortês com os colegas de trabalho.

- Saber ouvir os feedbacks.
- Ser objetivo ao expor suas ideias.
- Confraternizar os resultados obtidos.

Esses são os indicadores de que a organização precisa e que deve buscar em seus servidores. Agora, utilizando uma lista de competências, como as disponíveis na literatura, basta associar cada indicador a uma competência. No exemplo teríamos:

| Indicador de Comportamento Apurado | Competência Associada |
|---|---|
| Manter o local de trabalho organizado | Organização |
| Trazer soluções criativas para os problemas que parecem difíceis de resolver | Criatividade |
| Ser cortês com os colegas de trabalho | Relacionamento Interpessoal |
| Saber ouvir os feedbacks | Relacionamento Interpessoal |
| Ser objetivo ao expor suas ideias | Comunicação |
| Confraternizar os resultados obtidos | Liderança |

...e assim para cada indicador apurado.

O resultado dessa apuração será uma lista de Competências e cada uma com uma quantidade diferente de indicadores, por exemplo:

**Tabela 1:** *Exemplo de Competências e Quantidade de Indicadores*

| Competência | Total de Indicadores Apurados |
|---|---|
| Liderança | 8 |
| Foco em Resultados | 12 |
| Criatividade | 7 |
| Foco no Cliente | 4 |
| Proatividade | 9 |
| Empreendedorismo | 4 |
| Organização | 5 |
| Comunicação | 8 |

## 2.5. COMPETÊNCIAS ORGANIZACIONAIS

As competências encontradas a partir da consolidação do "Gosto/Não Gosto/O Ideal Seria" são as **Competências Organizacionais**, que foram visualizadas naturalmente, diferentemente da metodologia tradicional, que tem uma linha de dedução e subjetiva.

Após essa consolidação, um comitê estratégico deve fazer a validação dos indicadores e, por consequência, das competências.

A metodologia do Inventário Comportamental não exige que cada competência tenha aquela frase tradicional com um significado do que é a competência para a empresa, pois temos algo muito mais preciso do que a frase, que são os indicadores de comportamento.

Se você desejar utilizar aquela frase, basta fazer sua composição, tendo como base os indicadores que traduzem o que significa a competência para a empresa.

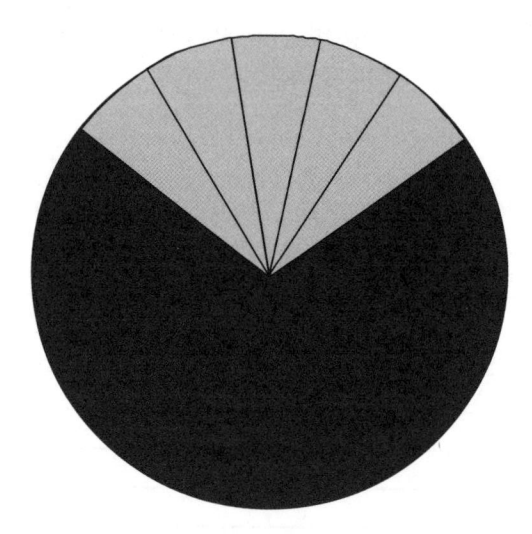

**Figura 1.** O Inventário Comportamental visualiza o significado da competência para a empresa.

Retomando a mesma figura apresentada no Item 1.4.2.2, quando falamos simplesmente no título de uma competência temos um universo, representado pela circunferência completa da Figura 1. Ela representa a Amplitude do conceito da Competência.

Com o Inventário Comportamental temos a identificação precisa de qual é o significado da competência para a Organização – a parte mais clara do círculo – por meio dos seus indicadores, que são, de fato, os comportamentos necessários para que a empresa possa cumprir sua Missão e Visão – cada fatia da parte mais clara da Figura 1.

## 2.5.1. Início do Processo Matemático

Como cada competência possui uma quantidade de indicadores, o peso de cada indicador pode ser calculado de acordo com a fórmula:

$$\text{Peso Indicador} = \frac{\text{Nível Máximo da Escala}}{\text{Quantidade de Indicadores da Competência}}.$$

Em que o Nível Máximo da Escala é fixo de acordo com a escala utilizada. Por exemplo, em uma escala de 0 a 5, o Nível Máximo será sempre 5.

Assim, na Competência Liderança do exemplo da Tabela 1 (pág. 45), como ela possui 8 indicadores, cada indicador vale 0,625, enquanto a competência Organização, que tem 5 indicadores, cada um deles vale 1 ponto.

## 2.6. COMPETÊNCIAS DE CADA FUNÇÃO

O próximo passo é identificar o "quanto" dessas Competências cada função precisa. São as Competências da Função.

Para cada função deve ser gerada uma lista com todos os indicadores apurados, sem mencionar as competências, apenas os indicadores.

Essa lista é entregue para o superior da função que, juntamente com um representante da função ou ainda um comitê formado para esta finalidade, irá determinar a necessidade desses comportamentos para a função, classificando-os como: "Muito Forte", "Forte", "Pouco Necessário", "Não se Aplica". É a construção do Perfil Comportamental ideal. Veja o exemplo:

| Planilha de Mapeamento de Comportamentos | | | | |
|---|---|---|---|---|
| Função: | | | | |
| Comportamento | Muito Forte | Forte | Pouco Necessário | Não se Aplica |
| Cumprir metas e atividades dentro dos prazos estabelecidos. | x | | | |
| Praticar a descentralização das tarefas preparando as pessoas para assumirem responsabilidades. | | | | x |
| Planejar e priorizar a realização das tarefas, utilizando o tempo de forma eficaz. | | x | | |
| Analisar os riscos e as oportunidades de todas as alternativas possíveis para a tomada de decisão. | | | x | |
| ... | ... | ... | ... | ... |

Os comportamentos classificados como "Pouco Necessário" e "Não se Aplica" serão desprezados. Outras funções poderão utilizá-lo. Assim, aqueles marcados como "Muito Forte" e "Forte" são os comportamentos necessários para a função. Para cada competência aplica-se a fórmula do **NCF – Nível de Competência para Função.**

### NCF – Nível de Competência para Função

$$NCF = \frac{\text{Nível Máximo da Escala}}{\text{Quantidade de Indicadores da Competência}} \times \text{Qtde. de Indicadores Marcados como "Muito Forte" ou "Forte" para a função}$$

Por exemplo, considerando a competência Liderança com 8 indicadores e que para uma determinada função 4 desses indicadores tenham sido marcados como "Muito Forte" ou "Forte", aplicando a fórmula do NCF temos:

$$NCF = \frac{5}{8} \times 4 = 2,5.$$

Ou seja, a função em questão precisará de Liderança nível 2,5.

Esse nível é importante, pois será a representação gráfica que faremos da necessidade da competência para a função, mas o Inventário Comportamental oferece mais do que isso, traduzindo o que esses 2,5 representam, que são *os indicadores marcados como "Muito Forte" ou "Forte"*. São esses indicadores (comportamentos) que os servidores desta função precisam ter.

## 2.7. COMPETÊNCIAS DOS SERVIDORES

Para determinar o Nível de Competências do Servidor aplica-se a Avaliação Comportamental com Foco em Competências, que pode ser a Autoavaliação, 90°, 180° ou 360°.

Novamente o Inventário Comportamental é utilizado, pois basta transformar os indicadores apurados nas perguntas da avaliação, tabulando a resposta em uma escala em que o avaliador analisa a frequência com a qual o avaliado apresenta cada um dos comportamentos.

Veja o exemplo:

## GESTÃO POR COMPETÊNCIAS NO SETOR PÚBLICO

| | Avaliação Comportamental | | | | | |
|---|---|---|---|---|---|---|
| Avaliado: | | | | | | |
| Avaliador: | | | | | | |
| | Todas as Vezes (100%) | Muitas Vezes (80%) | Com Frequências (60%) | Poucas Vezes (40%) | Raramente (20%) | Nunca (0%) |
| Cumprir metas e atividades dentro dos prazos estabelecidos. | | | | | | |
| Praticar a descentralização das tarefas preparando as pessoas para assumirem responsabilidades. | | | | | | |
| Planejar e priorizar a realização das tarefas, utilizando o tempo de forma eficaz. | | | | | | |
| Analisar os riscos e as oportunidades de todas as alternativas possíveis para a tomada de decisão. | | | | | | |
| ... | ... | ... | ... | ... | ... | ... |

O cálculo do NCC deve ser feito para cada competência. O exemplo a seguir utiliza uma competência com 8 indicadores, sendo que os indicadores sinalizados com um asterisco são os indicadores necessários para a função que o suposto avaliado exerce, ou seja, que foram marcados como "Muito Forte" ou "Forte".

| Opções ⇒ | Todas as Vezes | Muitas Vezes | Com Frequência | Poucas Vezes | Raramente | Nunca |
|---|---|---|---|---|---|---|
| Pontos Equivalentes ⇒ | 5 | 4 | 3 | 2 | 1 | 0 |
| Indicador 1 | x | | | | | |
| Indicador 2 | | x | | | | |
| Indicador 3 * | | x | | | | |
| Indicador 4 * | | | x | | | |
| Indicador 5 | | | | x | | |
| Indicador 6 * | | x | | | | |
| Indicador 7 | | | x | | | |
| Indicador 8 * | | | x | | | |

Considerando os indicadores 3, 4, 6 e 8 necessários para a função, aplicando a fórmula do NCF, encontramos que essa função precisa de nível 2,5, conforme exemplo já apresentado.

O Nível de Competências do Servidor tem duas variações e respectivas fórmulas, que são apresentadas seguidas de sua resolução utilizando as respostas da tabela acima:

**NCSo = Nível de Competências do Servidor, em relação à Organização**

$$NCSo = \frac{\text{Soma dos pontos da Avaliação de todos os indicadores}}{\text{Quantidade de Indicadores da Competência}}$$

$$NCSo = \frac{28}{8}$$

**NCSo** = 3,5

### NCSf = Nível de Competências do Servidor, em relação à Função

$$NCSf = \frac{\text{Soma dos pontos da Avaliação somente dos indicadores necessários para a função}}{\text{Quantidade de Indicadores da Competência}}$$

$$NCSf = \frac{14}{8}$$

**NCSf** = 1,75.

Portanto, temos:

NCF = 2,5

NCCo = 3,5

NCSf = 1,75

*Gap* em relação ao NCSf = 0,75

O NCCf demonstra um *gap* na função que o servidor exerce, ou seja, se comportamentalmente ele atende as exigências da função.

O NCCo demonstra o nível de competência do servidor em relação à organização; é tudo o que o servidor tem daquela competência. Isso permite constatar se o servidor é um talento ou ainda se ele pode ser aproveitado em outra função, pois muitas vezes encontramos o servidor com um potencial em uma competência, porém com um *gap* dessa mesma competência em relação à função que exerce.

Mas, o mais importante não é dizer que o *gap* do servidor é de 0,75, mas sim ter a identificação dos indicadores em que ele foi pior avaliado, e, sobre eles, fazer efetivamente o Feedback para Resultados e traçar o plano de treinamento e desenvolvimento específico, o que irá reduzir seu *gap* e aumentar seu potencial, permitindo que a organização trabalhe com a visão de futuro da avaliação, que é desenvolver o servidor.

## 2.8. MAIORES DETALHES DO INVENTÁRIO COMPORTAMENTAL

O Inventário Comportamental é uma metodologia ampla e que precisa ser realizado um estudo mais profundo caso o leitor desejar implantá-lo na sua empresa.

O objetivo aqui não é explorar toda essa Metodologia, precisarei de um livro exclusivo para isso, mas sim dar uma visão das partes necessárias para a implantação de Gestão por Competências no Setor Público, em que o mapeamento de competências comportamentais é uma parte de todo o processo.

Faço o convite àqueles que se identificarem com este resumo da Metodologia do Inventário Comportamental para Mapeamento de Competências para lerem meu primeiro livro, *Aplicação Prática de Gestão de Pessoas,* publicado por esta mesma editora.

# CAPÍTULO 3

## GESTÃO POR COMPETÊNCIAS: DA TEORIA PARA A PRÁTICA

EUCLIDES B. JUNIOR
RENAN SINACHI

## 3.1. INTRODUÇÃO

*Objetivo:* neste capítulo serão apresentadas reflexões baseadas nas experiências vivenciadas durante as conduções de diversas implantações em órgãos públicos, tendo como referência os conteúdos teóricos propostos no capítulo anterior.

## 3.2. A NECESSIDADE DE SE IMPLANTAR GESTÃO POR COMPETÊNCIAS E A FORMALIZAÇÃO DESTE COMPROMISSO PELOS ÓRGÃOS PÚBLICOS

Ao longo dos últimos quinze anos muito tem se falado e realizado quando se trata de Gestão por Competências, principalmente quando nos referimos à iniciativa privada. Quando abordamos o serviço público esta tendência de mercado levou mais tempo para dar seus primeiros passos.

Apenas na última década, com as diversas ações de revitalização e modernização do serviço público, em todas as suas esferas (federal, estadual e municipal), a Gestão por Competências começou a ser vista como uma importante ferramenta de apoio a estas iniciativas.

Estas iniciativas de modernização e revitalização do serviço público se dão em resposta ao cenário de completa descrença da população durante as duas décadas anteriores (anos 1980 e 1990). Durante este período, todas as notícias e informações vinculadas na mídia referentes à atuação do serviço público traziam pontos extremamente negativos, destacando fortemente temas como: burocracia, atendimento deficitário e problemas sem solução.

Nos trabalhos que temos realizado em diversos órgãos espalhados pelo Brasil, temos visto que este cenário está passando por enormes mudanças. Além de toda a movimentação dos servidores para erradicar este conceito de que no serviço público não existem profissionais sérios e/ou comprometidos ou que todos querem apenas "viver de sombra e água fresca", por meio da famigerada estabilidade, há uma movimentação de bastidores, institucionalizando a Gestão por Competências como um novo modelo de gestão para o funcionalismo público.

Há diversos decretos e/ou resoluções já publicados que oficializam a implantação da Gestão por Competências dentro das mais diversas esferas do poder público, tanto na instância federal, como na estadual e também na municipal. Seguem, abaixo, alguns destes exemplos:

- Decreto nº 5.707/2006 – Governo Federal.

- Resolução nº 111/2010 – Conselho Nacional de Justiça (CNJ), dentre muitos outros.

Estes documentos não surgiram apenas de uma necessidade do serviço público por implantar boas práticas da iniciativa privada, mas também devido à necessidade real de profissionalizar a atuação dos servidores, de forma alinhada às diretrizes da instituição, com o intuito de identificar e reconhecer os profissionais que, utilizando um jargão popular, "ajudam a carregar o piano".

As perguntas às quais responderemos a partir de agora são: como identificar e explorar toda a potencialidade dos servidores de uma instituição? O que fazer para que se tenha *o servidor certo, no lugar certo,* de modo a torná-lo mais produtivo e alinhado às diretrizes institucionais?

Neste capítulo exploraremos algumas das experiências que tivemos em órgãos como: Tribunais de Contas Estaduais, Tribunais Regionais Eleitorais, Tribunais do Trabalho e em órgãos fazendários.

## 3.3. IMPORTÂNCIA DO COMPROMETIMENTO DA ALTA DIREÇÃO

A implantação de um programa de Gestão por Competências, reconhecido como tendo alto padrão de qualidade e efetividade, demanda um patrocínio direto da alta direção da instituição, bem como o comprometimento com os resultados dos trabalhos.

Assim como um programa de qualidade da família "ISO", a Gestão por Competências envolve todos os membros ativos de um órgão, proporcionando, por um momento curto e pre-estabelecido, o aumento de demanda de trabalho, bem como remexendo a "zona de conforto organizacional" daqueles que se encontram em estado de domínio pleno da função e, portanto, demonstram pouco interesse nas demais atividades desenvolvidas pela instituição. Este é um dos momentos cruciais cujo comprometimento da alta direção é literalmente testado, na medida em que sua capacidade de estimular o comportamento organizacional cooperativo é importante e fundamental para o sucesso das atividades do projeto.

A experiência na execução de trabalhos desta natureza destaca algumas ações recomendadas na gestão do escopo de projetos de Gestão por competências, por parte da alta direção. Elas são:

1. Realização de reuniões mensais de ponto de controle com a equipe de execução do projeto.

2. A solicitação de relatórios mensais de prestação de contas.

3. A solicitação de cronograma atualizado mensalmente.

As ações citadas acima asseguram a alta direção, controle sob a implantação do projeto, bem como possibilitam a intervenção direta para a mudança de curso das decisões estratégicas do projeto.

Como todo e qualquer projeto organizacional, é fundamental que o patrocínio das ações de implantação da Gestão por competências, seja efetivo por parte da alta administração. Patrocinar, em termos de projetos, significa defender, favorecer e facilitar o sucesso das operações de determinada atividade, ou seja, contribuir, por meio da influência política para que o benefício da implantação do trabalho, seja efetivo, compartilhado e inicie o mais rapidamente possível.

## 3.4. ALINHAMENTO COM AS DIRETRIZES DA ORGANIZAÇÃO

### 3.4.1. Planejamento Estratégico – Um Aliado da Gestão por Competências

Todo e qualquer projeto, em sua essência, necessita estar alinhado às diretrizes organizacionais com o intuito de não tender ao engavetamento ou ao fracasso. Com a Gestão por Competências não é diferente, mas principalmente por estarmos falando de instituições públicas, onde a política interna possui uma força descomunal na aceitação ou boicote de novos projetos. A necessidade é real pela venda não apenas da ideia de um novo modelo de gestão, mas principalmente por difundir suas características reais, bem como seus benefícios, com o objetivo de conquistar o interesse e o apoio de servidores e o patrocínio dos gestores e alta direção de cada instituição.

Em alguns dos projetos conduzidos pela equipe da Leme Consultoria, este processo de "venda" ocorreu previamente, inclusive a procura por uma consultoria se deu justamente pela definição em planejamento estratégico institucional, considerando que um apoio externo seria necessário para realizar esta implantação. Quando falamos em Planejamento Estratégico temos que ter em mente, de forma clara, que sem este grande pilar previamente definido, ou sem um conjunto de diretrizes estratégicas previamente identificadas e definidas, a implantação corre um sério risco de direcionar os servidores da instituição a um caminho divergente daquele por ela almejado.

Muitas das instituições que temos acompanhado têm construído seu planejamento estratégico utilizando-se dos princípios da metodologia BSC (*Balanced Scorecard* de Kaplan e Norton). Na Administração Moderna, trata-se do que há de mais completo e inovador quando se refere à Gestão Empresarial Estratégica por meio do monitoramento contínuo de indicadores específicos. Utilizamos deste mesmo princípio em nossos trabalhos e, em nossa experiência, temos confirmado que este não é apenas mais um modismo da Administração Contemporânea assim como a Gestão por Competências, mas uma tendência de mercado que veio para ficar, contabilizando inclusive inúmeras experiências de sucesso.

No entanto, o Planejamento Estratégico não pode ser apenas um documento restrito às áreas de "Planejamento e Gestão" das instituições, ou até mesmo conhecido apenas pela Alta Direção. Após sua aprovação, é preciso disseminá-lo aos servidores de todos os níveis, de modo a facilitar seu envolvimento e comprometimento. E esta divulgação necessita da atuação direta dos líderes, de modo a promover o conhecimento de seus liderados, não apenas entregando-lhes um documento formal, mas clarificando à sua equipe o impacto de cada ação, sendo esta positiva ou negativa, aos resultados esperados e ao contexto organizacional.

### 3.4.2. Regimento ou Regulamento Interno – Bases para a Construção dos Trabalhos

Outra diretriz importante que precisa ser difundida pelas instituições, tornando-se conhecida e compreendida por todos, é o seu Regulamento ou Regimento Interno (nomenclatura se altera de acordo com a instituição).

Neste documento, geralmente estão contidas questões internas, como, por exemplo: diretrizes gerais da instituição, diretrizes gerais de cada área, descrições das funções/papéis da instituição; visão geral dos fluxos de processos e procedimentos, normas e regras gerais de conduta. Temos vivenciado situações em que o Regimento/Regulamento Interno Institucional é comumente visto como um documento desatualizado. Ora, nem deveria ser diferente, pois, conforme descrito no início deste capítulo, as instituições públicas têm passado por mudanças drásticas ao longo dos últimos anos. Diante deste cenário, seria necessária uma equipe permanente para a manutenção e atualização contínua deste importante documento interno.

No entanto, é importante que este Regimento/Regulamento Interno seja utilizado como referência ou "guia" durante todas as ações de implantação do Programa de Gestão por Competências, pois, ao segui-lo, teremos a certeza de que estaremos direcionando nossas ações e consequentemente os servidores para os objetivos almejados pela Alta Direção e pela instituição como um todo.

Com todo este conteúdo em mente (planejamento estratégico + regimento ou regulamento interno), os servidores terão a compreensão exata das expectativas e diretrizes organizacionais. Com isso, torna-se mais simples a implantação de programas como o de Gestão por Competências entre outros programas institucionais.

### 3.4.3. A Necessidade de um Comitê/Comissão de Implantação

Quando realizamos uma implantação de Gestão por Competências nossa preocupação inicial (durante a implantação) é assegurar o alcance dos resultados imediatos esperados e consequentemente dos benefícios que o programa implantado trará para a instituição. No entanto, temos que nos preocupar com outro ponto, não menos importante que é a perpetuação de toda a estrutura implantada.

Para assegurarmos que a continuidade do programa ocorrerá de fato, faz-se necessária a constituição de um comitê/comissão de implantação, composta essencialmente por servidores da equipe de RH e parceiros (se necessário). Podemos entender como parceiros os servidores que vivenciam de maneira mais próxima as ações de RH, sendo agentes facilitadores informais da área de Recursos Humanos.

Este comitê/comissão possui outra responsabilidade inicial, porém primordial, que é a de acompanhar as ações de implantação. Com este acompanhamento próximo terão condições não somente de perpetuar a implantação mas de contribuir veementemente em cada passo de sua estruturação.

Nos trabalhos que temos realizado temos evidenciado outro aspecto que complementa os dois anteriormente citados. Trata-se do conhecimento e da experiência relacionados à cultura organizacional da instituição. Tais conhecimentos, tácitos, implícitos e muitas vezes até explícitos se fazem necessários em todas as etapas do projeto mas principalmente em sua estruturação, pois são responsáveis por abrir portas ou não, durante toda a implantação.

Diante disso, alguns pontos importantes devem ser considerados para a formação desse comitê/comissão:

1. Nunca construa um comitê/comissão considerando apenas servidores recém-admitidos.

2. Não construa um comitê/comissão considerando apenas servidores recém-ingressos à área de Recursos Humanos.

É necessário que haja um equilíbrio entre os componentes do comitê, mesclando experiência e acesso político, de modo a facilitar as informações necessárias para a implantação junto a todos os envolvidos, bem como acessar os níveis necessários para a eventual tomada de decisões.

Durante as implantações temos vivenciado situações em que gestores e servidores transmitem um ponto de vista singular, muitas vezes preocupado em "defender o seu espaço", por ainda não entenderem os reais objetivos e benefícios da Gestão por Competências para a instituição. (Conforme já citado e de maneira bem simples: o desenvolvimento das pessoas e a manutenção da pessoa certa no lugar certo.)

Este fato ocorre devido ao pouco conhecimento que habitualmente os gestores e servidores das demais áreas não ligadas diretamente à área de Recursos Humanos possuem. Em situações como esta, a intervenção direta do comitê/comissão de implantação em parceria com a consultoria é primordial, de modo a garantir e zelar pelos verdadeiros interesses da instituição.

Da teoria para a prática, qual deve ser a estrutura básica de um comitê/comissão de implantação:

1. Deve ter em sua composição entre 3 e 5 componentes.

2. Deve possuir servidores que conheçam a cultura e a política da instituição.

3. Deve possuir servidores que possuam *acesso político* às diversas áreas da organização.

Utilizando estes referenciais para a construção do comitê/comissão de implantação, a instituição certamente estará resguardada em seus interesses e diretrizes, bem como a consultoria certamente atuará de forma amparada aos interesses organizacionais.

## 3.5. MAPEAMENTO DE COMPETÊNCIAS COMPORTAMENTAIS INSTITUCIONAIS

A principal etapa de um projeto de implantação de Gestão por Competências é o Mapeamento das Competências institucionais. Trata-se de uma etapa de grande destaque na execução do projeto, porém, se este for mal elaborado ou tiver baixa assertividade quanto aos desejos de conduta da instituição para com seus Servidores, pode ser um fracasso em termos de estruturação de ações de desenvolvimento e feedback.

Para se ter uma ideia de tal impacto, basta imaginar você respondendo um formulário de perguntas pessoais, cujas questões parecem não ter correlação alguma com suas características. O sentimento é o mesmo para com um mapeamento malfeito, ou seja, as questões parecem não refletir a realidade organizacional.

Em nossa jornada pelas implantações da Gestão por Competências no Brasil, não são raros os casos de instituições que procuram serviços de consultoria, somente para a revisão das Competências e indicadores comportamentais mapeados de forma caseira pela própria instituição, ou com metodologia pouco aderente, somente para que façamos a revisão do material, o que tende a ser muito mais trabalhoso do que realizar um mapeamento a partir do "zero", pois converter um resultado errôneo, em algo possivelmente correto, é um desafio à técnica e à metodologia, por isso o cumprimento de algumas diretrizes básicas será fundamental para o sucesso de seu mapeamento comportamental, como:

1. Jamais colete indicadores de Competências comportamentais da instituição com base em uma amostra restrita de participantes, estabelecidos apenas por sua influência política e/ou autoridade. Esta etapa, obrigatoriamente, deve contar com a participação de representantes de todas as Funções/Papéis do órgão, evitando uma visão enviesada ou "míope", acerca das necessidades institucionais.

   *Observação:* "Funções" ou "Papéis" são termos utilizados para identificar um conjunto de atribuições executadas por determinado Servidor. Este tema será abordado com maior profundidade no Item 3.6.1.

2. Assegure-se de desenvolver uma palestra de sensibilização com linguagem e exemplos muito aderentes à natureza da instituição, para que os participantes identifiquem-se com os fatos abordados e sejam estimulados à franqueza.

3. Não cometa o pecado da ansiedade durante o preenchimento das atividades de coleta do Inventário Comportamental (Formulário: "Gosto/Não Gosto/Ideal Seria"), pelos participantes. Deixe-os à vontade para escrever o quanto julgarem necessário.

   *Observação:* na prática, o tempo de preenchimento devido é de 40 minutos.

4. Ao consolidar as folhas de coleta do Inventário Comportamental, indique apenas uma pessoa para a tarefa. Não é recomendada a divisão desta atividade, pois olhares diferentes para um mesmo produto, durante sua

construção, podem representar um desvio de qualidade no rol de competências organizacionais, além de muitas vezes parecerem uma "colcha de retalhos" ao final de tudo, devido às diferentes interpretações dadas ao material, por cada participante.

5. No processamento, etapa de consolidação dos indicadores de Competências Comportamentais, procure seguir o padrão da metodologia do Inventário Comportamental à risca, jamais modificando o significado das expressões redigidas pelas pessoas nas colunas "Gosto" e "Ideal Seria", ou seja, é necessário que o responsável pela consolidação do Inventário Comportamental interprete o conteúdo, podendo alterar expressões para melhorar o entendimento e institucionalização dos indicadores de Competências, mas sem alterar o respectivo significado de cada comportamento descrito pelos servidores. Já os indicadores presentes na coluna "Não Gosto", do formulário para o mapeamento Comportamental, devem ser redigidos no contrário proporcional, ou seja, devem ser trazidos para o padrão de comportamento positivo.

6. Evite que seu Inventário Comportamental final tenha mais de 60 indicadores ou seja muito extenso e de entendimento complexo. Frases simples, objetivas e concisas tendem a ser comumente interpretadas corretamente por pessoas de todos os níveis hierárquicos.

7. Lembre-se de que o mapeamento é organizacional e não deve refletir a realidade de uma gerência ou departamento específico, mas sim o todo da instituição.

8. Na validação das Competências e indicadores organizacionais com o Comitê de Validação*, identifique profissionais que efetivamente tenham o desejo de contribuir com um produto final de qualidade, estando acima de necessidades individuais ou de pequenos grupos, bem como assegure a participação da alta direção na etapa de validação.

---

*Comitê formado pela alta direção, gestores e representantes dos servidores, limitado a 10 participantes.

9. Ao término da reunião de validação das Competências Comportamentais organizacionais, certifique-se de identificar, juntamente ao Comitê de Validação, as Competências Essenciais e Diferenciais da instituição, considerando sua importância e os seus serviços prestados à sociedade. Ressaltamos que pode ser atribuída maior importância a alguns indicadores comportamentais, mas a recomendação da metodologia do Inventário Comportamental é que somente indicadores de competências Essenciais e Diferenciais da Instituição recebam as importâncias 2 ou 3.

A tabela abaixo expressa algumas regras quantitativas para a definição do número de indicadores com maior importância, por Competência, para orientar a qualidade do Inventário Comportamental da instituição.

**Tabela 1:** *Identificação de Indicadores com Maior Importância por Competência*

| Quantidade de Indicadores | Máximo Recomendado | Máximo Aceitável |
|---|---|---|
| Até 5 | 1 | 2 |
| Até 8 | 2 | 3 |
| Até 10 | 3 | 4 |

## 3.6. CONCEITOS IMPORTANTES

### 3.6.1. Cargo x Função/Papel

Há dois conceitos importantes e que devem ser entendidos logo no início de qualquer implantação, tanto em empresas públicas como em empresas privadas. No caso das empresas públicas estes conceitos são mais fortes e mais facilmente percebidos, entretanto existe uma dificuldade enorme para entender e compreender estes conceitos em sua essência. Trata-se da diferenciação entre as seguintes nomenclaturas:

*"Cargo" x "Função"*

Mas o que quer dizer cada uma delas? Antes de apresentar as respostas traremos mais um conceito que é costumeiramente associado aos dois títulos acima, chamado "Atribuição".

Para explicar estes conceitos utilizaremos aqui alguns exemplos de nomenclaturas de cargos ligados ao Poder Judiciário e à Secretaria de Fazenda. Por exemplo: na esfera judiciária, normalmente há 2 cargos para os quais os candidatos aprovados em concursos públicos "tomam posse". São eles:

- *Técnico Judiciário* – cargo ocupado por candidatos aprovados em concurso direcionado àqueles que possuem o ensino médio concluído.

- *Analista Judiciário* – cargo ocupado por candidatos aprovados em concurso direcionado àqueles que possuem o ensino superior concluído.

Na esfera fazendária, os títulos diferem um pouco em seu predicado, sendo eles:

- Técnico de Finanças e Controle – idem ao Técnico Judiciário.

- Analista de Finanças e Controle – idem ao Analista Judiciário.

Em sua essência, o que diferencia estes dois títulos – "Técnico" e "Analista" – é a escolaridade de ingresso na instituição. No entanto, em um programa de Gestão por Competências esta diferenciação não se limita apenas a este quesito.

Quando abordamos o tema Competências, precisamos identificar exatamente qual a Função/Papel que cada servidor desempenha. Para entendermos melhor esta afirmação, vamos expor o seguinte cenário:

Voltando aos títulos acima explicitados, apresentaremos apenas três dos possíveis cenários de atuação de um Analista Judiciário:

**Tabela 2:** *Atuação de Servidor em Diferentes Funções Derivadas do Mesmo Cargo*

| Cenário 1 | Cenário 2 | Cenário 3 |
|---|---|---|
| Servidor atuante em Recursos Humanos | Servidor atuante em Tecnologia da Informação | Servidor atuante em Cartórios ou Varas (áreas finalísticas) |

Nos três cenários expostos, estamos falando de um mesmo cargo, no entanto os servidores em questão possuem atribuições completamente distintas de acordo com a natureza da área em que atuam, por exemplo:

- No cenário 1 o servidor pode ter em seu conjunto de atribuições ações ligadas à:
    - ✓ Capacitação dos servidores.
    - ✓ Condução de processos seletivos (internos).
    - ✓ Gestão do Clima Organizacional.
    - ✓ Treinamento e Desenvolvimento.
    - ✓ Administração de Pessoal e/ou Folha de Pagamento, entre outras atividades.
- No cenário 2, por sua vez, o servidor pode ter em seu conjunto de atribuições ações ligadas a:
    - ✓ Desenvolvimento de sistemas internos.
    - ✓ Suporte aos usuários da instituição.
    - ✓ Gerenciamento de redes.
    - ✓ Manutenção da Segurança Virtual, entre outras atividades.
- Para concluir, no cenário 3 o servidor pode atuar com questões como, por exemplo:
    - ✓ Triagem e análise de processos para encaminhamento aos magistrados.

✓ Atendimento e orientação ao público externo (jurisdicionados).

✓ Auxílio e suporte aos magistrados na condução de audiências públicas, entre outras atividades.

A esta junção entre o cargo e a área de atuação é atribuído o título da Função ou Papel. Conforme descrito nos três cenários, a diferença entre a atuação de um mesmo servidor é completamente distinta e esta diferenciação não se dá apenas pelo conjunto de atribuições, mas também nas competências técnicas (conhecimentos e habilidades específicas) a serem desenvolvidas pelos servidores atuantes em cada uma das áreas anteriormente citadas.

Traduzindo então esse contexto de maneira prática, teremos os seguintes conceitos:

- **Cargo:** título que atende ao concurso público.

- **Função/Papel:** conjunto de atribuições a serem desempenhadas no dia a dia do servidor.

- **Atribuição:** tarefa a ser desempenhada quer seja de natureza operacional ou estratégica (um conjunto de atribuições constitui uma função).

Diante deste contexto, não podemos considerar que em uma ação de capacitação podem e/ou devem ser contemplados profissionais de áreas distintas. Ora, é fato que há um conjunto de conhecimentos que são institucionais e que devem ser de domínio comum à todo e qualquer servidor. No entanto, as ações de capacitação relacionadas aos conhecimentos que são específicos de cada uma dessas áreas devem ser direcionadas de forma a otimizar o desenvolvimento dos envolvidos e a verba de destinada para este fim.

Com isso, podemos concluir que quando falamos em competências em instituições públicas, não podemos nos ater apenas ao cargo que os profissionais possuem, pois, analisando apenas este título e considerando o seu conceito, estaremos fechando os olhos para a realidade à qual cada servidor está inserido, gastando recursos ao invés de investir de forma significativa no desenvolvimento de cada profissional de acordo com suas reais necessidades e de forma alinhada à instituição.

### 3.6.2. A Importância da Descrição de Função (Clareza dos Reais Papéis do Servidor)

Todo profissional precisa de clareza acerca de seu papel no ambiente de trabalho e à contribuição que sua função proporciona à instituição, independente da atuação ser em instituições públicas ou privadas, sendo a Descrição de Função um instrumento que facilita muito a obtenção de um desempenho superior, por parte das equipes.

São raros os casos de profissionais que se lembram de ter ingressado em uma empresa e ter recebido a sua Descrição de Função em sua integração e aculturação na empresa, isso porque, tradicionalmente, este instrumento é apenas utilizado para trabalhos internos e até mesmo burocráticos na Gestão de Pessoas, mas poucas empresas utilizam esta ferramenta para obter melhor desempenho por parte de suas pessoas, e até mesmo adaptação mais rápida de novos profissionais em seus postos de trabalho.

Muitas empresas que acreditam ter um instrumento de descrição de atividades, denominado Descrição de Cargo, também acabam por frustrar seus profissionais, na medida em que estes, ao ler a Descrição das atividades por meio do instrumento formal da empresa (Descrição de Cargo), não se identificam com o conteúdo, ou seja, a Descrição de Cargo muitas vezes não reflete a realidade do profissional, fazendo com que sua aplicação seja infrutífera e, aos poucos, a ferramenta caia em desuso na instituição.

Este tipo de problema ocorre porque a Descrição de Cargo não tem por objetivo descrever atividades específicas de suas Funções derivadas, mas sim descrever o macro de atividades abrangidas por determinada natureza de Cargo.

Em nossa experiência na implantação da Gestão por Competências em órgãos públicos, nos deparamos com muitas situações passíveis de resolução, apenas com a abertura de Funções.

Muito embora todos os servidores contratados tenham o cargo de Analista de Finanças e Controle ou Técnico de Finanças e Controle, na prática, as Funções derivadas destes cargos são inúmeras, bem como suas respectivas Responsabilidades, Competências Técnicas e Comportamentais.

A tabela abaixo expressa um exemplo de derivação de Funções de uma área meio de um órgão público, e uma área ligada à atividade fim da instituição.

**Tabela 3:** *Derivação de Funções em Áreas Distintas*

| Coordenação | Área | Cargo | Função |
|---|---|---|---|
| CODEI (Coordenação de Desenvolvimento Institucional) | GERH (Gerência de Recursos Humanos) | Analista de Finanças e Controle | GERH – RH Estratégico |
| | | | GERH – Gerente |
| COTEC (Coordenação Técnica) | GEFIC (Gerência de Finanças e Controle) | Analista de Finanças e Controle | GEFIC – Controle Contábil |
| | | | GEFIC – Controle Financeiro |
| | | | GEFIC – Pagamento/Recebimento |
| | | | GEFIC – Gerente de Projetos |
| | | | GEFIC – Gerente |

A Tabela 3 expressa a derivação de diferentes funções, a partir de um mesmo cargo. Cada uma das Funções derivadas de um cargo deve ter uma Descrição de Função diferente, que demonstre a real execução de atividades naquele posto de trabalho.

Se o desejo da instituição é proporcionar clareza acerca dos papéis exercidos por cada uma de suas pessoas, a descrição de Função é recomendada, e muito aplicável no estímulo ao desempenho superior de seus ocupantes, por meio do claro entendimento de suas responsabilidades, devido à especificidade e entendimento que a Descrição de Função proporciona.

O alto desempenho de pessoas no ambiente organizacional somente pode ser obtido quando há empenho, ou seja, acordo prévio, entendimento, comprometimento, e a Descrição de Função é a ferramenta que proporciona aproximação entre líderes e liderados, no que tange ao entendimento das expectativas da instituição para cada membro de sua equipe.

### 3.6.3. Função Real x Função "Personificada"

Outro ponto importante a ser explorado no que se refere às funções/papéis existentes no serviço público é a forma com que são concebidas e, consequentemente, a sua "personificação". O que queremos dizer é o seguinte: No serviço público, os profissionais são contratados por meio de concurso público. Este, por sua vez, exige apenas um nível acadêmico específico (conforme já abordado: ensino médio no caso dos técnicos e ensino superior no caso dos analistas). Quando os profissionais são admitidos, eles são submetidos a um período chamado estágio probatório. É um período de três anos em que, dentre muitas ações, são identificadas as experiências e as potencialidades desse novo servidor para a instituição.

Até aqui não há nada de errado com essas ações. O problema é que, após o ingresso do servidor, essas ações de identificação de potencialidades diminuem significativamente em sua frequência. Diante disto, muitas movimentações de servidores acontecem por razões políticas, e neste cenário, por diversas vezes os gestores acabam delegando atribuições de maneira individualizada ou até mesmo criando funções/papéis para adequarem os seus novos profissionais às rotinas da área. Mas por que isso acontece?

Dentre muitos motivos, um deles se destaca fortemente: a inexistência de descritivos que explicitem e oficializem as atribuições que devem ser realizadas, bem como o perfil específico (técnico e comportamental) necessários ao bom andamento das atividades da área, conforme citado no item **"A importância da descrição de função (clareza dos reais papéis do servidor)"**. É necessário reforçar que estes descritivos formais devem ser construídos com base nas necessidades das áreas e, consequentemente, aderentes às diretrizes institucionais, não devendo assim serem criadas funções para atender aos servidores.

Há outro problema que normalmente ocorre quando as funções/papéis são construídos para atender as pessoas: a dificuldade de reposição de profissionais. É muito comum neste cenário em que existem as tais "funções personificadas" os gestores se depararem com situações em que são reféns deste quadro. Em situações como esta, os gestores vivenciam contextos em que seus liderados são convidados a atuar em outras áreas, e a sua reposição torna-se complicada, pois aquela função não era da área, pois possuía um nome e um sobrenome, e esta era a única forma em que as rotinas caminhassem da maneira esperada.

Já ouvimos muito sobre este cenário, e há muitas queixas por parte tanto de servidores quanto de gestores, pois quando há oportunidades na instituição, em muitos casos não são os melhores profissionais que são liberados por seus superiores para participar dos processos de seleção interna, mas sim aqueles que não ajudam a "carregar o piano".

Para sanar este problema, desenvolvemos o IAP – Inventário de Atribuições por Produto. Por meio deste instrumento foram construídos descritivos em diversas instituições públicas. É um método que possui a aprovação não apenas dos profissionais de Recursos Humanos, mas principalmente dos líderes e liderados envolvidos em sua construção.

O fato é que o processo de Descrição de Funções deve ser feito considerando a necessidade de entrega de cada uma das áreas da instituição, por processos definidos ou prioridades organizacionais, e não considerando a limitação ou potencialidades de servidores em específico, para evitar que o resultado final seja descompassado com a realidade da organização.

As principais características de aplicação do IAP são:

1. Simples sistematização e aplicação.
2. Proteção da instituição contra descrições personificadas.
3. Consideração das necessidades de entrega de cada uma das áreas.
4. É construída de forma participativa entre gestores e servidores.

## 3.7. DESVENDANDO O INVENTÁRIO DE ATRIBUIÇÕES POR PRODUTOS

A Metodologia do "Inventário de Atribuições por Produtos" foi desenvolvida para que, ao descrever as Funções de uma área, gestores e equipes pudessem visualizar as principais "entregas" que estão sob a responsabilidade de uma Gerência, Coordenação ou setor, e, a partir deste entendimento, construir a estrutura de funções, de modo a distribuir atribuições de forma ponderada, considerando três critérios básicos, sendo eles:

- Familiaridade de atribuições.
- Necessidade setorial/organizacional.
- Fluxo Natural dos processos (Setor/Instituição).

Além de proporcionar uma correta distribuição de Funções em cada uma das áreas, esta metodologia visa proporcionar uma equalização de competências técnicas quando a multifuncionalidade for favorável e necessária ao setor, bem como privilegia a especificidade, quando esta for indispensável às atividades do setor.

Para aplicar esta metodologia, um preparo é necessário, e para que você possa compreender a melhor forma de descrever funções no setor público, elencamos as principais etapas deste processo.

a) **Palestra de orientação dos gestores** – Primeiramente devem-se reunir os gestores de cada uma das diferentes áreas da instituição para apresentação dos conceitos relacionados aos espaços de trabalho na organização e demonstrar o foco que deve ser dado à concepção dos Descritivos de Função para a empresa. A principal mensagem que deve ser transmitida neste encontro é o conceito denominado "cadeira vazia", ou seja, a reflexão sobre os espaços de trabalho como devem ser, considerando o cenário ideal.

Este encontro deve focar também a explicação acerca da diferença pragmática que existe entre: tarefas, processos e procedimentos.

Para que esta metodologia seja efetiva, é necessário orientar o raciocínio dos gestores, para que pensem em processos, considerando que, para cada demanda institucional a uma de suas áreas, haverá um processamento e uma saída e cada saída será, portanto, um produto de responsabilidade da área (resultado), que deve ser entregue para a própria instituição, para outras de mesma instância ou de instâncias maiores, para os órgãos de controle e até mesmo para a sociedade, conforme a figura abaixo.

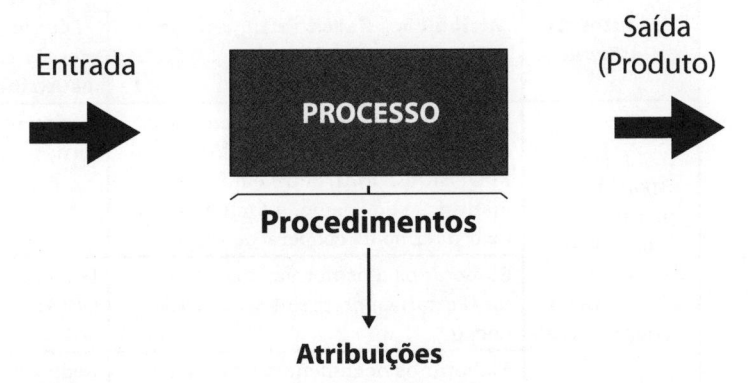

**Figura 1:** Processos x Procedimentos x Atribuições.

O processo, quando destrinchado, é transformado em procedimentos e atribuições, que naturalmente deverão ser desempenhadas pelos Servidores da área.

b) **Coleta de formulários entre gestor e equipe** – Após a palestra de orientações, gestor e equipe devem reunir-se com o objetivo de identificar os produtos da área, as atribuições que devem ser executadas para garantir que os produtos da área sejam gerados e as competências técnicas (conhecimentos e habilidades) necessárias para a materialização das atribuições.

O tempo recomendado para que gestor e equipe preencham a atividade é de 15 dias corridos, visando não permitir que as ações do projeto acabem por ficar em segundo plano.

**Importante!**

É fundamental que esta atividade seja confeccionada de forma construtiva e participativa, para que agregue valor de propriedade aos membros da equipe participante. Este sentimento proporcionará uma condução de projeto, com maior aceitação por parte dos servidores, pois não se trata de algo impositivo, mas sim democrático, sólido e ponderado.

**Tabela 4:** *Coleta de Inventários Funcionais por Produtos*

| Produtos da Gerência | Atribuições Necessárias para Gerar Produtos | Competências Técnicas Necessárias para as Atribuições |
|---|---|---|
| Apoio administrativo no cumprimento das competências da Coordenação Geral | Viabilizar a integração referente aos sistemas SIAFI EDUCACIONAL e SIAFI OPERACIONAL entre empresas e instituição de ensino, a fim de concretizar o termo de cooperação técnica | Regimento interno |
| | Elaborar os atos normativos (Decretos/Portarias) pertinentes à Coordenação | Legislação de GSISTE |
| | Elaborar os documentos (ofícios, memorandos) pertinentes à Coordenação | Redação Oficial |

c) **Workshop de desmembramento de atribuições e validação dos Inventários de Atribuições por Produto (Descrição de Função/Papel)** – Esta é a etapa em que os formulários de atribuições por produtos começam a tomar um aspecto final, pois neste momento os gestores retornam com as atividades realizadas em equipe e outros elementos passam a compor o Inventário de Atribuições por Produto.

Tendo os produtos da área sido identificados, bem como as respectivas atribuições e competências técnicas, os gestores devem ser orientados a desmembrar as atribuições, agrupando-as em Funções, considerando a familiaridade existente entre elas e também o processo ideal. Esta orientação faz com que os gestores possam agrupar as atribuições de modo racional, pois a reflexão não é feita com base nas potencialidades ou limitações dos servidores da área, mas sim considerando o fluxo de processos ideal.

Naturalmente, áreas cuja segmentação e especificação das atividades é maior terão mais agrupamentos de atribuições, normalmente vários agrupamentos com poucas atribuições, resultando em um número maior de Funções, e áreas com atividades mais generalistas têm poucos agrupamentos de funções, com mais atribuições, chegando inclusive a existir casos em que algumas áreas ficam apenas com uma Função, tamanho o caráter generalista.

Conforme mencionado anteriormente, o conjunto de informações acima exposto é identificado, lapidado e validado sem que haja foco nas pessoas, enfatizando apenas a posição a ser ocupada, ou seja, a "cadeira vazia". Desta forma, é possível assegurarmos que não haverá funções/papéis personificados e o trabalho dos gestores e seus liderados se tornará mais harmonioso, uma vez que o empenho entre as partes será um conjunto de atribuições necessárias para o bom andamento das rotinas da área e não especificamente as tarefas que este ou aquele servidor consegue desempenhar com base no perfil e na experiência que possuem.

Com isso, ações de capacitação e treinamento também terão um melhor direcionamento, pois o foco destas serão exclusivamente as necessidades da área baseadas nas diretrizes institucionais.

## 3.8. DEFINIÇÃO DA AMOSTRAGEM DE SERVIDORES PARA A PARTICIPAÇÃO NAS ETAPAS DE CONSTRUÇÃO

Um dos pontos abordados no modelo teórico do Inventário Comportamental para Mapeamento de Competências é a questão da participação dos servidores de todos os níveis da instituição em sua construção.

Há situações em que na instituição as funções/papéis possuem uma definição mais clara, entretanto há situações em que apenas a aplicação do IAP pode identificá-las. Nestes casos, em que se fizer necessário definir a amostragem de servidores que participará das coletas sem que tenha ocorrido a definição das funções por meio da aplicação do IAP, pode-se optar pela escolha de forma aleatória de dois a três servidores, considerando também o gestor da área.

Neste caso, teremos a certeza de que, mesmo sem identificação precisa das funções/papéis, teremos uma amostragem representativa de profissionais, que trarão informações precisas de todas as áreas da instituição contemplando todos os níveis hierárquicos.

## 3.9. MAPEAMENTO DE COMPETÊNCIAS COMPORTAMENTAIS DAS FUNÇÕES

Para iniciar o mapeamento das Competências Comportamentais das Funções da instituição é necessário ter em mente que a equalização dos mapeamentos seja talvez mais importante do que a coleta em si.

O fato é que algumas instituições creem veementemente que seu método de identificação de Competências das Funções é eficaz, meramente por ser participativo e bem embasado, mas, na realidade, estes argumentos são insuficientes para assegurar um resultado de qualidade.

Temos percebido que o mapeamento de Competências das Funções de muitas empresas é literalmente sem equalização, ou seja, muito embora algumas Funções sejam advindas de um mesmo cargo, tenham praticamente o mesmo nível de complexidade e exerçam atividades correlatas, seus mapeamentos Comportamentais acabam sendo muito diferentes. Isso ocorre, pois, ao considerarmos a necessidade de implantação ser construtiva e participativa, delegamos a autoridade e autonomia de preenchimento do formulário de identificação de Indicadores de Competências das Funções aos gestores (Formulário: "Muito Forte/Forte/Pouco Necessário/Não se Aplica"), sem considerar que estes (gestores) podem estar desalinhados com os objetivos, desejos e tendências organizacionais, enviesando o resultado final do mapeamento de algumas funções.

Para tornar o entendimento da dimensão deste problema mais evidente, apresentamos na Tabela 5 um cenário de incoerência, em que duas funções correlatas apresentam mapeamento distinto, não pela necessidade real dos papéis, mas sim pela particularidade de cada gestor.

Esse cenário visa expressar que a tática de gestão adotada por cada líder dentro de uma instituição, pode influenciar os resultados do mapeamento de Competências Comportamentais de suas funções subordinadas, e acabar por interferir na qualidade do produto final, na medida em que a ótica do gestor, sobre pessoas, é baseada em necessidades pontuais, que podem ser distintas das necessidades e expectativas que a organização tem, em relação a cada uma de suas Funções.

É importante frisar também que não se trata de um agrupamento de "Cargos" para a realização do mapeamento comportamental, pois algumas Funções derivadas de um mesmo cargo podem apresentar particularidades que demandem a necessidade de algum comportamento não necessário para as outras Funções derivadas, assim como o cenário contrário proporcional pode acontecer.

**Tabela 5:** *Mapeamento comportamental sem a separação de grupos de funções simulares*

| Competência | Gestor | Indicadores | Cargo | Função | Muito Forte | Forte | Pouco Necessário | Não se Aplica |
|---|---|---|---|---|---|---|---|---|
| Comunicação | Gestor A | Apresenta suas dúvidas em relação aos trabalhos solicitados, para evitar erros ou retrabalho | Analista | Analista de Recusos Humanos – Treinamento e desenvolvimento | x | | | |
| | Gestor B | | | Analista de Recursos Humanos – Gestão de Carreira | x | | | |
| | Gestor A | Certifica-se de que as informações transmitidas foram compreendidas pelas pessoas | | Analista de Recursos Humanos – Treinamento e Desenvolvimento | x | | | |
| | Gestor B | | | Analista de Recursos Humanos – Gestão de Carreira | x | | | |
| | Gestor A | Comunica tempestivamente as informações de trabalhos às pessoas envolvidas | | Analista de Recursos Humanos – Treinamento e Desenvolvimento | x | | | |
| | Gestor B | | | Analista de Recursos Humanos – Gestão de Carreira | | | x | |
| | Gestor A | Demonstra argumentações consistentes ao expor suas ideias | | Analista de Recursos Humanos – Treinamento e Desenvolvimento | x | | | |
| | Gestor B | | | Analista de Recursos Humanos – Gestão de Carreira | | | | x |
| | Gestor A | Recebe feedback com equilíbrio emocional, disposição em ouvir e refletir, de forma a incrementar positivamente o comportamento crítico ou reforçado | | Analista de Recursos Humanos – Treinamento e Desenvolvimento | x | | | |
| | Gestor B | | | Analista de Recursos Humanos – Gestão de Carreira | x | | | |
| | Gestor A | Transmite feedback com cautela e discrição, objetividade e clareza, de forma a promover o desenvolvi- | | Analista de Recursos Humanos – Treinamento e Desenvolvimento | | | | |
| | Gestor B | | | Analista de Recursos Huma- | | | | x |

Para reduzir esta possibilidade de falha, desenvolvemos um processo que segue as seguintes etapas:

1. **Identificação de Funções correlatas** – Nesta etapa, a equipe de Recursos Humanos deverá selecionar as Funções correlatas e elaborar uma lista, conforme o exemplo abaixo:

**Tabela 6:** *Identificação de Funções com Correlação Funcional*

| Cargo | Função |
|---|---|
| Analista | Analista – Treinamento e Desenvolvimento |
|  | Analista – Gestão de Carreira |
|  | Analista – Administração de Pessoal |

2. **Identificação dos gestores representantes de cada Comitê de Mapeamento Comportamental das Funções** – Nesta etapa, é recomendado que o RH identifique o grupo de gestores responsáveis pelo Mapeamento Comportamental de cada grupo de Funções correlatas, e que, portanto, deverão receber o mesmo Mapeamento Comportamental, conforme a tabela abaixo.

**Tabela 7:** *Identificação de Gestores Participantes do Comitê de Equalização de Mapeamentos*

| Cargo | Função | Gestor |
|---|---|---|
| Analista | Analista – Treinamento e Desenvolvimento | Antônio Carlos Crespo |
|  | Analista – Gestão de Carreira | Marcos Antônio Martins |
|  | Analista – Administração de Pessoal | Ricardo Aires Benevides |

*Observação:* Mesmo que o número de funções correlatas seja extenso, recomendamos que cada comitê não tenha mais do que cinco membros, devido à dificuldade de consenso que pode existir entre os participantes.

3. **Coleta e equalização do Mapeamento Comportamental equalizado** – Ao responderem à coleta do Mapeamento Comportamental das Funções em equipe, os gestores adquirem um senso de coletividade e de necessidade de equalização, para evitar o sentimento de injustiça nos servidores, bem como evitando a impressão de que pode ser mais fácil ter um alto desempenho em uma função do que em outra de mesma complexidade, mas com um gestor diferente, pois os critérios comportamentais escolhidos para a Função, ou seja, aqueles marcados como Muito Forte ou Forte, durante a Coleta do Mapeamento Comportamental, não são definidos mediante a tática de gestão de um líder para com a equipe, mas sim considerando a necessidade de Competências Comportamentais para Funções similares.

   O resultado prático deste trabalho são indicadores de Competências Comportamentais iguais para funções semelhantes, correlatas ou de mesma complexidade e indicadores de Competências Comportamentais distintos, para funções distintas, algo que naturalmente culminará em níveis de competências requeridos para as funções, equalizados e justos, evitando corporativismo, que poderia atrapalhar o desenvolvimento futuro dos Servidores.

4. **Validação dos Mapeamentos Comportamentais pelo RH** – Ao término da Coleta dos Mapeamentos Comportamentais com os grupos de gestores, é recomendado que o RH realize uma análise e validação do conteúdo por eles gerado, para assegurar a equidade e justiça no estabelecimento de indicadores de Competências Comportamentais para as Funções.

## 3.10. AVALIAÇÃO DE COMPETÊNCIAS COMPORTAMENTAIS E TÉCNICAS DOS SERVIDORES

Com uma estruturação do sistema de Gestão por Competências bem feita e considerando todos os aspectos e particularidades do funcionalismo público, podemos considerar que o sucesso da implantação já foi alcançado em 50%, restando agora apenas alguns cuidados na disseminação da mentalidade da avaliação na instituição e o processo de coleta em si.

Uma recomendação referente à nossa experiência em projetos desta natureza é que se deve evitar o estabelecimento de políticas de consequências da avaliação, logo no primeiro ciclo.

Evitar políticas de consequências que pressupõem, por exemplo, a evolução de carreira e remuneração associada ao desempenho, logo no primeiro ciclo, é recomendado para que não se instaure uma mentalidade errônea quanto à aplicação da Gestão por Competências, bem como para evitar corporativismo, por tratar-se de um momento de aculturação. Atuar com políticas de consequências imediatas, automatizadas e posteriores ao primeiro ciclo, pode causar uma falsa impressão de que o processo de avaliação pode ser usado para premiação, mas também para o inverso proporcional, ou seja, a punição e isso, por sua vez, tende a causar baixa adesão ao instrumento e, posteriormente, o abandono à Gestão por Competências na instituição.

A recomendação básica é que a aplicação de políticas de consequências relacionadas à remuneração somente seja feita após o terceiro ciclo de avaliação de Competências, momento em que a instituição estará mais madura e confiante em relação aos benefícios provocados pela Gestão por Competências.

Para evitar que sentimentos e percepções equivocados se instaurem, recomendamos também a aplicação de palestras de sensibilização aos servidores, visando desmistificar o instrumento de avaliação e Gestão de Competências, bem como oferecer elementos e fatos reais para a concepção de uma imagem positiva e sustentável deste processo.

Os principais pontos de referência recomendados, e que devem ser transmitidos aos servidores, são:

- O que é a Gestão por Competências.

- Qual foi a cronologia de implantação do programa na instituição.
- Qual é a aplicação da ferramenta em nível organizacional e para os servidores.
- Quais são as perspectivas de avaliação.
- Quais são as redes de relacionamento que respondem à avaliação.
- Efeitos comuns ao responder à avaliação.
- Orientações técnicas sobre a coleta.
- Período de coleta.

Além da sensibilização dos servidores para o momento da avaliação, reforçamos a importância da adequada definição das redes de relacionamento de avaliação.

Muito embora, em termos de confiabilidade de resultados, seja mais recomendada a aplicação de uma avaliação 360°, o primeiro ciclo de um processo avaliativo em uma empresa pública traz consigo uma carga de crenças que precisam ser quebradas ao longo da implantação, e que muitas vezes agregam "temor virtual" aos servidores. Por isso, recomendados que o primeiro ciclo de avaliação seja concebido com uma avaliação 180°, ou seja, uma avaliação que considera aos resultados da autoavaliação do servidor e a avaliação de seu líder imediato.

A ideia é que outras relações, como pares, clientes internos, subordinados e outros, passem a compor as avaliações gradativamente, conforme a maturação dos servidores em termos de conhecimento e confiança na Gestão por Competências.

Esta implementação gradativa sustenta práticas mais saudáveis de Gestão de Pessoas, pois não tenta forçar uma cultura na instituição e privilegia o tempo de desenvolvimento organizacional, baseado na evolução da ferramenta na concepção de todos os servidores e não apenas na alta direção.

Nossa recomendação é que a cada ciclo de avaliação uma nova relação passe a integrar a avaliação, até que o formato 360° seja integralmente implementado.

## 3.11. FEEDBACK E EMPENHO

Em nossos projetos sempre explicitamos o seguinte princípio:

"Todas as ações realizadas até o término das avaliações de competências se traduzem em um grande diagnóstico. A Gestão por Competências se inicia a partir deste momento, e diante disso devemos nos fazer a seguinte pergunta: O que eu faço com este montante de informações?"

Pois é, todo este cenário é 100% verdadeiro, e continuando a linha de raciocínio acima, complementamos com mais um aspecto: "De nada adianta termos um instrumento perfeito de avaliação, informatizado, cheio de recursos e com um conjunto de relatórios extremamente precisos se as ações de gestão pararem por aí."

É importante ficar claro que a gestão por competências se inicia a partir deste ponto. O que queremos dizer é: a partir do conjunto de informações geradas pelo diagnóstico (avaliação de competência), teremos insumos precisos para desenvolver os servidores da instituição, identificando não apenas gaps e necessidades de treinamento talentos, mas também talentos e potencialidades dos profissionais.

Foi necessário expor para abordarmos dois momentos de extrema importância o feedback na relação entre líderes e liderados.

Iniciaremos esta reflexão apresentando um dos conceitos mais comentados quando o tema em questão é a liderança: este conceito é o feedback.

Infelizmente ainda há muitos mitos quando falamos sobre feedback. Principalmente quando são tratados os feedbacks de alinhamento e/ou correção de rota, definidos por Rogerio Leme em seu livro *Feedback para Resultados* como Feedback Corretivo.

Temos ouvido relatos de profissionais de empresas públicas contando experiências extremamente negativas em que os feedbacks recebidos foram ofensivos e desrespeitosos. Por outro lado, também temos relatos de gestores que vivenciaram situações em que seus liderados não deram a menor importância ao feedback que estavam recebendo.

Como solucionar este problema?

É importante evidenciarmos que o feedback não é apenas mais um recurso de gestão de pessoas. Trata-se de uma ferramenta extraordinariamente poderosa e que, se bem aplicada, pode garantir frutos inquestionáveis ao líder, seu liderado, os resultados esperados, a equipe e a instituição como um todo.

Mais uma vez, apenas reforçando, feedback não é um instrumento, é uma cultura. Cultura esta que visa o alinhamento contínuo entre líderes e liderados de forma direta e entre a instituição e seus profissionais de maneira indireta.

Frente a este cenário, líderes e liderados possuem dois momentos valiosos capazes de assegurar este alinhamento: o empenho e o feedback.

Entendemos como "empenho" o momento entre um gestor e seu liderado em que as expectativas e diretrizes são "colocadas à mesa", discutidas e alinhadas. Na implantação de um programa de Gestão por Competências este momento se faz necessário para que as pessoas saibam exatamente:

- Quais atribuições devem ser realizadas?
- Quais os resultados esperados?
- Em quais competências o profissional deverá se desenvolver/será desenvolvido?

Expondo de maneira bastante simples, é necessário definir e alinhar quais serão as regras, como elas deverão ser cumpridas, como serão monitoradas e cobradas.

O empenho é o momento do "acordo" entre o gestor e seu liderado, acordo este que deve ajustar as expectativas da instituição e das áreas às expectativas do servidor.

O outro lado da moeda é o feedback. Este, por sua vez, deve ocorrer de forma sistemática e contínua; conforme dito anteriormente, feedback não é apenas um instrumento mas uma cultura que deve ser vivenciada por líderes e liderada em seu dia a dia. Desta forma, é importante que após o momento do "empenho" líderes e liderados busquem o momento do feedback. Os líderes devem procurar dar e receber feedbacks constantemente com o objetivo de manter seus profissionais alinhados às diretrizes e estratégias organizacionais. Os liderados, devem buscar continuamente saber a visão de seus gestores sobre o andamento das atividades executadas, a fim de evitar retrabalhos desnecessários e ao mesmo tempo ter a certeza de que estão contribuindo de forma efetiva para o atingimento dos objetivos da instituição.

Na prática, como devem ser estruturados estes momentos:

Quando tratarmos de feedbacks oriundos de um ciclo avaliativo, os gestores devem buscar o conjunto de informações contido nos relatórios de avaliação, cruzar estas informações com fatos que as evidenciem a fim de entender reforçar o cenário diagnosticado para, em seguida, preparar o feedback contando com o apoio da equipe de Recursos Humanos, considerando inclusive uma pré-análise acerca das ações que poderão ser realizadas. Desta forma, gestores estarão certamente preparados e subsidiados para o momento de dar feedbacks.

Quando se trata do feedback do dia a dia, os gestores devem ter em mente os seguintes aspectos:

- Nunca perca a oportunidade para dar um feedback, faça-o de forma imediata aos fatos (não deixe para fazê-lo apenas após a realização de uma avaliação).

- Prepare-se para o momento. Tenha em mente que estamos falando de pessoas e não de máquinas. Pessoas possuem sentimentos, questionam, riem, choram, apresentam reações diferenciadas, máquinas não.

- Tenha sempre em mente que feedback deve ser dado sobre comportamento, pois é ele quem gera resultados. É ele que deve ser reforçado (feedback positivo) ou desenvolvido (feedback corretivo), e até mesmo o feedback corretivo-incisivo.

- Nunca dê feedbacks nos corredores ou de maneira em que o receptor da mensagem possa se sentir de alguma maneira exposto. Reserve local e horário adequados para esta conversa.

- Nunca se esqueça de que o feedback deve ser sempre um diálogo. Dê abertura para que seu servidor exponha seu ponto de vista, discuta e direcione a conversa para um denominador comum de entendimento.

Do outro lado da mesa, pensando nos liderados, qual deve ser a conduta dentro desta nova cultura de feedbacks a ser implantada:

- Não espere apenas pelo seu gestor, busque seu feedback sempre que preciso.

- Tenha em mente que se suas ações estiverem sempre alinhadas, você evitará retrabalhos e ações desnecessários.

- Entenda que o objetivo do feedback não é punir, expor ou perseguir... O objetivo é alinhar, desenvolver, trazer consciência sobre a importância de sua atuação e o respectivo impacto na instituição.

- Esteja aberto para ouvir, reflita sobre os pontos dialogados e movimente-se para alcançar a mudança necessária.

Entenda o ciclo de alinhamento contínuo que a cultura de feedback proporciona (Figura 2).

Decifrando a figura, cada empenho gera um ciclo de feedbacks que gerará novos empenhos e que, consequentemente, gerará novos feedbacks, e assim por diante. É um processo sem fim, é uma cultura, é o dia a dia das instituições.

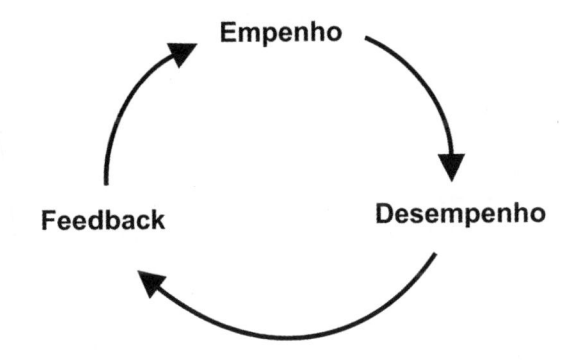

**Figura 2:** Ciclo Empenho, Desempenho e Feedback.

Estes dois momentos possuem uma força incrível no dia a dia das organizações e certamente representam a maneira mais barata e simples de assegurar o alinhamento entre líderes e liderados.

Utilizando-se destes dois momentos, de forma frequente e continuada, certamente ambas as partes caminharão de maneira mais coesa e principalmente direcionada aos objetivos organizacionais.

# CAPÍTULO 4

# APLICAÇÕES DOS RESULTADOS NO MAPEAMENTO E AVALIAÇÃO DE COMPETÊNCIAS E DE DESEMPENHO NOS SUBSISTEMAS DE RH

ROGERIO LEME

## 4.1. INTRODUÇÃO

O objetivo deste capítulo é apresentar como a estruturação da gestão e avaliação de desempenho pode ser aplicada nos demais subsistemas de recursos humanos.

## 4.2. REQUISITOS PARA INTEGRAÇÃO DOS SUBSISTEMAS DE RECURSOS HUMANOS

- Descrição de Função e Mapeamento de Competências
- Seleção de Novos Servidores
- Integração de Novos Servidores: Empenho
- Levantamento de Necessidade de Treinamento
- Avaliação de Competências
- Avaliação de Competências ou de Desempenho com Foco em Competências
- Trilha de Desenvolvimento
- Universidade Corporativa
- Movimentação Interna
- Sucessão
- Plano de Carreira
- Avaliação de Desempenho com Foco em Competências

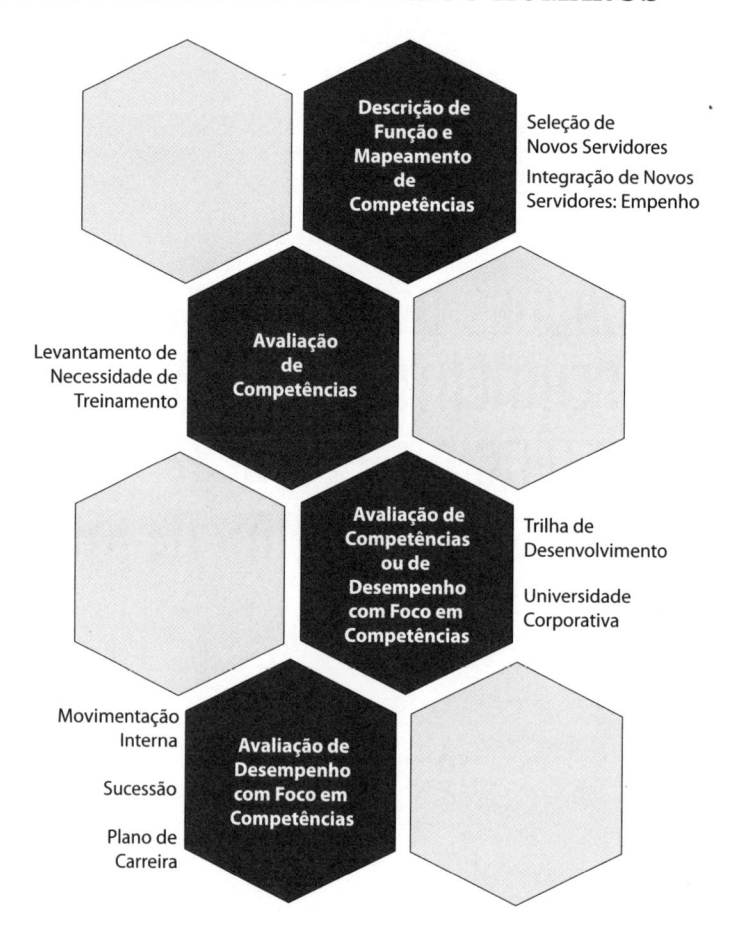

**Figura 1:** Integração com os Subsistemas de Recursos Humanos.

Realizar a integração dos subsistemas de Recursos Humanos deve ser algo que vá além do discurso, como normalmente ocorre. Normalmente há muita intensão e pouca materialização.

Cada instrumento gerado no processo de Gestão por Competências tem um destino correto para ser utilizado nos demais subsistemas e, portanto, é necessário haver uma conexão estratégica entre eles, assim como a integração do instrumento de Avaliação de Desempenho com Foco em Competências com a Estratégia Organizacional, apresentada no Item 1.5.1 do Capítulo 1.

### 4.2.1. Seleção de Novos Servidores

O instrumento a ser utilizado para a integração deste processo é o documento da Descrição da Função ou Papel.

Se um processo de adesão de um servidor ao funcionalismo público é por concurso, qual seria a aplicação da seleção no setor público?

É importante ressaltar que este item não aborda o processo de concurso público, embora Gestão por Competências possa ajudar em quesitos para colaborar na elaboração de concursos.

O setor público pode e deve ter as técnicas de seleção para os candidatos aprovados no concurso e que foram chamados, justamente para aplicar uma entrevista técnica e comportamental.

Diferentemente das empresas privadas, que utilizam a entrevista como fator de exclusão de um candidato, o objetivo no setor público é o oposto, justamente o da inclusão.

Esta questão é fundamental, pois, em função do setor público ter que chamar o próximo da fila que foi contratado, é preciso identificar em qual secretaria, coordenação, gerência ou seção ele tem o perfil com o menor gap, ou seja, com a menor necessidade de capacitação.

É importante ressaltar que este processo de entrevista deve ter uma integração com o subsistema de Capacitação e Desenvolvimento dos servidores, afinal, com uma entrevista estruturada pautada na Descrição de Função, temos em mão uma primeira avaliação do servidor e a identificação das suas necessidades de treinamentos.

### 4.2.2. Integração de Novos Servidores

Este item faz referência tanto aos novos servidores que estão iniciando no serviço público quanto para os servidores que passaram por um processo de movimentação interna e assumirão um novo desafio em uma secretaria, coordenação, gerência ou seção.

De acordo com os princípios da Avaliação de Desempenho com Foco em Competências expressos no Item 1.6 do Capítulo 1, somente pode ser avaliado o desempenho daquilo que fora empenhado.

Portanto, a chegada do novo servidor ao seu local de trabalho é o momento oportuno para que seu gestor imediato deixe claro quais são as expectativas de desempenho na realização dos seus trabalhos. É o momento do EMPENHO.

E, para que as expectativas fiquem claras e o novo servidor saiba o "O QUE" ele deve fazer, mais uma vez, a Descrição de Função é o instrumento para selar este compromisso entre líder e liderado.

Lembre-se de que a Avaliação de Desempenho com Foco em Competências tem quatro perspectivas e delas as competências técnicas e comportamentais, assim como as atribuições estão registradas no instrumento da descrição de função. Já as metas a serem alcançadas, apuradas na Perspectiva Resultados, não compõem o instrumento, mesmo porque as metas mudam com o tempo e não queremos que o instrumento de descrição de função seja volátil.

Assim, além do empenho da descrição de função, é preciso fazer o empenho das metas a serem alcançadas.

Para finalizar, os benefícios na adoção do empenho conforme esta proposição são grandes, pois o servidor entra e sabe o que ele tem que fazer, mesmo que ele ainda não saiba como fazer, o que é normal. Trata-se de um processo muito mais organizado do que acontece nos órgãos públicos de maneira geral, quando o servidor senta na cadeira e fica à mercê de alguém que venha dizer o que ele deve fazer.

### 4.2.3. Levantamento de Necessidades de Treinamento

O resultado obtido com a Avaliação de Competências serve para a identificação das Necessidades de Treinamento.

É fundamental que o leitor note na figura apresentada no início deste capítulo que não há e não pode haver outra integração dos demais subsistemas de Recursos Humanos com a Avaliação de Competências a não ser as questões relacionadas ao desenvolvimento dos servidores, como o Levantamento da Necessidade de Treinamento, Trilha do Desenvolvimento e Universidade Corporativa.

Qualquer outra ação deverá estar pautada na Avaliação de Desempenho com Foco em Competências, que foca a Entrega do Servidor, com base nas quatro perspectivas.

Se outras ações forem pautadas na Avaliação das Competências, que avalia exclusivamente as competências técnicas e comportamentais, certamente são ações superficiais, ou se tornarão frágeis, correndo o risco de serem abandonadas ou, ainda, de não atingirem seus reais objetivos.

Focando a identificação das necessidades de treinamento, caso o modelo de avaliação adotado não expresse claramente as competências a serem desenvolvidas, tanto técnicas e comportamentais – sendo estas expressas em comportamentos observáveis, não em conceitos –, requerendo que seja realizado o Levantamento de Necessidade de Treinamento – o LNT junto aos gestores sobre o que é necessário para os servidores, recomendo veementemente rever o modelo adotado, pois, com uma efetiva Gestão por Competências, o LNT para esse fim deve ser aposentado.

### 4.2.4. Trilha de Desenvolvimento

A trilha do desenvolvimento é uma ferramenta que tem como objetivo compartilhar com o servidor a responsabilidade pelo seu desenvolvimento.

O objetivo é oferecer a infraestrutura ao servidor para que ele possa desenvolver suas competências, apoiada principalmente nos princípios do autodesenvolvimento, a fim de ele estar mais bem preparado para que possa aproveitar uma oportunidade que surgir, por meio de um convite ou movimentação interna, e esta que esteja alinhada com as suas aspirações em vir a trabalhar em uma determinada área ou mesmo de executar uma determinada função na instituição, dentro do crescimento profissional que ele almeja.

Para isso ocorrer, a preparação da infraestrutura requer algumas ações preliminares, tais como a identificação de quais os caminhos naturais a serem percorridos.

Para realizar esta questão no conceito da Entrega, o instrumento de Avaliação de Desempenho com Foco em Competências é necessário, inclusive com o processo de classificação da complexidade, conforme apresentado no Item 1.5.2.3 do Capítulo 1.

Entretanto, caso o foco seja mais superficial, focando apenas em competências, embora não recomendo esta escolha, o instrumento a ser utilizado pode ser apenas a Avaliação de Competências.

### 4.2.5. Universidade Corporativa

Na essência, para utilizar o nome Universidade Corporativa, seria necessário antes tecer uma ampla reflexão de qual é a essência de sua existência e o que o mercado está realizando.

Não tenho como objetivo enveredar por esta discussão, mas, em uma proposição metodológica aliada a uma integração entre os subsistemas de Recursos Humanos, como a que apresento aqui, não há como não tomar partido de alguns princípios que acredito e que são as engrenagens da integração.

Entendo que Universidade Corporativa não é o novo nome da área de T&D ou de Capacitação. Não é um agrupamento de treinamentos, com uma agenda anual, oferecido aos servidores, ou treinamentos, mesmo que pontuais, como os de capacitação, porém respaldados de uma nomenclatura que são "estratégicos" para a instituição.

O que entendo ser a essência de uma Universidade Corporativa é a visão que ela deve ter do negócio da empresa como um todo, incluindo o ponto de desenvolvimento dos seus servidores e, orientadas pelas demandas futuras de lotação de mão de obra e outras informações de diretrizes estratégicas, possa desenvolver e ofertar, de maneira proativa, projetos de desenvolvimento das competências de seus servidores.

Para simplificar, acompanhe os seguintes apontamentos:

- Uma vez feita a avaliação de competências, a área de treinamento, capacitação ou desenvolvimento tem como objetivo reduzir os gaps dos servidores. Isto é fundamental, mas é uma ação REATIVA da instituição.

- O servidor, ao receber o feedback da sua avaliação, pode procurar meios de desenvolver os pontos fracos identificados. Isto é fundamental, mas é uma ação REATIVA do servidor.

- A trilha do desenvolvimento, conforme apresentada no item anterior, é uma ferramenta que o servidor irá desenvolver suas competências visando as competências necessárias para a oportunidade que ele almeja. Esta é uma ação PROATIVA do servidor.

Portanto, meu entendimento é que a Universidade Corporativa deve suprir a lacuna do desenvolvimento PROATIVO a ser realizado pela instituição, trabalhando questões e demandas futuras. Isto é fundamental, ainda mais em instituições públicas que demandam especializações nas chamadas áreas fins.

Da mesma maneira que a Trilha do Desenvolvimento, para realizar a estruturação de programas e ações da Universidade Corporativa a recomendação é que esteja pautada no conceito da Entrega, portanto, o instrumento de integração é a Avaliação de Desempenho com Foco em Competências.

Entretanto, caso o foco seja mais superficial, focando apenas em competências, embora eu não recomende esta escolha, o instrumento a ser utilizado pode ser apenas a Avaliação de Competências.

### 4.2.6. Movimentação Interna

O processo de movimentação interna deve ter como base o instrumento de Avaliação de Desempenho com Foco em Competências, inclusive com todo o processo de classificação, avaliação e análise da complexidade – metáfora do copo d'água – conforme apresentado no Item 1.5.2.3 do Capítulo 1.

Não use, em hipótese alguma, apenas a Avaliação de Competências, pois ela não trabalha a questão da complexidade.

Processos estruturados somente na Avaliação de Competências para esta questão irão engrossar o famoso jargão do problema de movimentar o melhor técnico para ser gestor e perder o melhor técnico e ganhar um péssimo gestor.

O problema disto ocorrer não está nas Competências limitadas ao CHA, mas a sua entrega, trabalhada no conceito da complexidade.

### 4.2.7. Sucessão

Muitas empresas e órgãos públicos ficaram vários anos sem realizar concursos públicos e, consequentemente, a quantidade de servidores que já deveriam estar aposentados ou que estão prestes a se aposentar é muito grande.

Desenvolver planos de sucessão não está voltado apenas para funções de alto escalão, pelo contrário, muitas delas são cargos de confiança. O programa de sucessão deve considerar todas as funções e, em especial, as funções que correm maior risco de vacância.

É válido lembrar que uma sucessão pode desencadear uma série de movimentações internas e, algumas delas, também podem ser funções prioritárias no processo sucessório.

O instrumento para integrar com este subsistema de RH é a Avaliação de Desempenho com Foco em Competências e, pelo fato de uma sucessão impactar em uma ou mais movimentações internas, ficam acrescidas neste tópico as mesmas considerações da movimentação relatadas no item anterior.

### 4.2.8. Plano de Carreira

Plano de carreira no setor público é, na realidade, uma bomba-relógio, tanto pelos fatores expostos na introdução deste livro, feita pelo Paulo Santos, quanto pelo ranço cultural e de avaliações aplicadas única e exclusivamente para avanço de faixa salarial, chamada avaliação de mérito, que de mensuração de mérito efetiva, na maioria das vezes, somente no nome do instrumento.

Conforme falamos, se e a palavra de ordem é TRANSPARÊNCIA e MERITOCRACIA, o instrumento de integração para atender esses objetivos é a Avaliação de Desempenho com Foco em Competências, com base nas quatro perspectivas e, jamais, apenas a Avaliação de Competências.

Romeu Huczok e Rosane Ribeiro irão tratar desse assunto no próximo capítulo.

### 4.3. A DEFINIÇÃO DAS POLÍTICAS DE RECURSOS HUMANOS

Entre as inúmeras diferenças culturais existentes entre empresas do setor público e privados, uma me chama muito a atenção.

Por mais que você faça, preze pela justiça, pense em todas as alternativas possíveis, conceitue cada passo a ser dado, sempre haverá manifestações de servidores indignados com a decisão tomada e sempre com uma veemência que beira a uma violência psicológica.

Claro que não se espera unanimidade ou que isto também não ocorra em empresas privadas, mas a intensidade que ocorre no setor público realmente me chama a atenção.

Também me chamam a atenção algumas indignações de servidores em processos de Avaliação de Competências questionando seu avaliador com um sonoro "e quem ele pensa que é para achar que tem o poder de me avaliar". Confesso que nessas horas meu pensamento viaja, tirando algumas conclusões como "Realmente, o outro servidor que irá avaliá-lo não é um deus e, portanto, como um rés mortal, irá avaliar o deus que proferiu estas palavras com tamanha empáfia?"!

Sem contar o servidor acomodado que quer dominar a conversa e numa ação parecida com a Câmara dos Deputados, atrapalha e bloqueia a pauta.

Da mesma maneira que casos como estes são muitos, felizmente também há muitos servidores que realmente cumprem com a missão do que é ser um servidor público.

Em função desses extremos que convivem diariamente e lado a lado, fazer a definição de Políticas de Gestão de Pessoas pautadas nos pilares da Meritocracia – leia Avaliação de Desempenho – e na Transparência – leia um instrumento de avaliação de desempenho estruturado, objetivo e com propósitos claros e específicos –, torna-se um desafio quase que impossível de ser descrito.

A boa notícia é que isto não significa ser impossível de ser realizado, desde que sejam utilizados instrumentos e técnicas apropriadas, além de possuir avaliações estruturadas e consistentes.

Portanto, a recomendação é que a construção das políticas de consequência da Avaliação de Competências e de desempenho com foco em competências seja amplamente debatida entre servidores, representantes da alta gestão, técnicos e especialistas nos assuntos que tangem a política e, inclusive, o sindicato.

Uma maneira de realizar esse debate é a utilização de grupos de trabalhos, ferramentas da intranet ou até mesmo seminários internos, mas que tenham uma agenda e compromisso de trabalho.

Qualquer decisão sobre as políticas com viés unilateral não terá adeptos na administração pública.

## 4.4. ESTÁGIO PROBATÓRIO: UM SONHO DE APLICAÇÃO PARA UM ESTADO EFICIENTE E EFICAZ

De tudo o que foi apresentado até aqui, este é o único tema que, infelizmente, ainda é uma utopia. Mas quem sabe possa ser realidade um dia.

Não apresentei a integração do instrumento de Avaliação de Desempenho com Foco em Competências com o subsistema do Estágio Probatório.

Não que ela não exista ou não tenha nenhuma conexão, ao contrário, deveria e tem muita conexão entre elas, afinal, quando o servidor entra no serviço público ele passa por um processo de avaliação, foco deste livro.

O objetivo do estágio probatório é dar o direito ao servidor que inicia sua carreira de encontrar seu caminho na vida pública com tempo para que ele se adapte, afinal, diferentemente das empresas privadas que o profissional pode adquirir experiência em empresas anteriores e o processo de admissão muitas vezes requer esta experiência anterior, no setor público, normalmente, não há como o servidor ingresso adquirir experiência profissional anterior, muito menos ter isto como uma exigência para o concurso público.

Assim, o novo servidor público tem 36 meses de observação e de avaliação, contando com o apoio de um RH voltado para suprir os pontos fracos dele, elevando seu nível de competência a patamares compatíveis com as expectativas de um servidor público e, ainda, ao término deste período, o servidor poderia ser exonerado do cargo por incompatibilidade com o perfil necessário.

Tudo isso seria perfeito se, na prática, o estágio probatório não fosse meramente próforma e um grande instrumento corporativo.

Recorrendo à introdução feita por Paulo Santos, destaco:

> "A existência de raríssimos casos de demissão no serviço público demonstra a fragilidade da Administração em coibir comportamentos incompatíveis com o ministério público. Além disso, a aprovação no estágio probatório tornou-se mera formalidade, pois, tão escassas quanto as demissões, as exonerações nessa fase de experiência e demonstração da vocação para servir ao público dependem de registros e atitudes gerenciais que, via de regra, são abafadas pelo paternalismo e corporativismo característicos da administração pública brasileira."

O meu sonho como um profissional que atua na área de Gestão de Pessoas e com empresas públicas é que possamos evoluir na construção do instrumento de avaliação do estágio probatório baseado na Entrega do Servidor, como proposto na metodologia da Avaliação de Desempenho com Foco em Competências.

Ora, uma vez que, ao término dos 36 meses de adaptação previstos no estágio probatório, com constatações de inúmeras tentativas de desenvolvimento, capacitação, movimentação necessárias para aproveitamento de suas competências, um servidor que for avaliado e estiver com uma entrega muito abaixo da média dos servidores aprovados no estágio probatório, esse servidor deveria ser considerado inapto para o serviço público ao qual ele prestou aquele concurso.

E ainda, com o CDS – Coeficiente de Desempenho do Servidor – somado de todas as provas de tentativas de desenvolvimento do servidor, ser possível manter tal decisão, mesmo mediante aos recursos judiciais que certamente ocorrerão, pois teremos construído instrumentos consistentes para não desperdiçar dinheiro público com salários pagos a servidores que não atendam as expectativas.

Seria um passo para termos servidores que possam construir e oferecer serviços à altura da dignidade da nação brasileira.

Realmente, um sonho... Mas não acredito que estarei vivo para ver, mas, como cidadão, tenho a obrigação em plantar esta semente.

## 4.5. CONCURSO PÚBLICO

Este item é de autoria de Romeu Huczok.

Um dos grandes problemas dos órgãos públicos é a qualidade da seleção, os critérios utilizados nos concursos, uma vez que a lei até pouco tempo atrás somente permitia avaliar critérios objetivos – Lei nº 8.112:

> *"Art. 11. O concurso será de provas ou de provas e títulos, podendo ser realizado em duas etapas, conforme dispuserem a lei e o regulamento do respectivo plano de carreira, condicionada a inscrição do candidato ao pagamento do valor fixado no edital, quando indispensável ao seu custeio, e ressalvadas as hipóteses de isenção nele expressamente previstas. (Redação dada pela Lei nº 9.527, de 10/12/97) (Regulamento.)"*

Em 22/9/2010 foi editado o Decreto nº 7.308, no tocante à realização de avaliações psicológicas em concurso público:

> *"Art. 1º O art. 14 do Decreto nº 6.944, de 21 de agosto de 2009, passa a vigorar com a seguinte redação:*
>
> *Art. 14. A realização de avaliação psicológica está condicionada à existência de previsão legal específica e deverá estar prevista no edital.*
>
> *§ 1º Para os fins deste Decreto, considera-se avaliação psicológica o emprego de procedimentos científicos*

*destinados a aferir a compatibilidade das características psicológicas do candidato com as atribuições do cargo.*

*§ 2º A avaliação psicológica será realizada após a aplicação das provas escritas, orais e de aptidão física, quando houver.*

*§ 3º Os requisitos psicológicos para o desempenho no cargo deverão ser estabelecidos previamente, por meio de estudo científico das atribuições e responsabilidades dos cargos, descrição detalhada das atividades e tarefas, identificação dos conhecimentos, habilidades e características pessoais necessários para sua execução e identificação de características restritivas ou impeditivas para o cargo.*

*§ 4º A avaliação psicológica deverá ser realizada mediante o uso de instrumentos de avaliação psicológica, capazes de aferir, de forma objetiva e padronizada, os requisitos psicológicos do candidato para o desempenho das atribuições inerentes ao cargo.*

*§ 5º O edital especificará os requisitos psicológicos que serão aferidos na avaliação." (NR)*

Este decreto acendeu uma luz para aperfeiçoar o processo de concurso público, uma vez que, conforme o parágrafo 3º, no perfil da função podemos incluir, além das responsabilidades da função e das competências técnicas – que podem ser avaliadas objetivamente com provas e testes, indicadores de competências comportamentais, que são os comportamentos observáveis.

Assim, uma psicóloga devidamente treinada pode perfeitamente conduzir uma entrevista e avaliação psicológica com base nos indicadores comportamentais.

É uma evolução importantíssima para a Gestão de Pessoas no setor p úblico.

# CAPÍTULO 5

## PLANO DE CARREIRA: DIRETRIZES CONTEMPORÂNEAS E IMPACTOS COM A AVALIAÇÃO DE DESEMPENHO COM FOCO EM COMPETÊNCIAS

ROMEU HUCZOK
ROSANE RIBEIRO

## 5.1. INTRODUÇÃO

O objetivo deste capítulo é apresentar conceitos, experiências e as diretrizes para a estruturação de um plano de carreira evitando armadilhas e a má utilização deste instrumento e a sua integração com a Avaliação de Desempenho com Foco em Competências.

## 5.2. CONCEITOS

Inicialmente, precisamos conceituar alguns termos e fazer alguns questionamentos, para depois então entrarmos no assunto principal.

### 5.2.1. Plano de cargos ou competências?

Precisamos deixar claro que o *plano de cargos, carreiras e salários ou vencimentos* de órgão público tem um *propósito*, que conceituamos abaixo, o qual inclusive é bem diferente do de empresa privada:

> *"Sistema que estabelece um conjunto de regras para administração dos vencimentos pagos e a evolução na carreira dos servidores, mediante análise da demanda ou atribuição dos cargos e funções x habilitação individual necessária, observando a legislação."*

### 5.2.2. Sistema de Gestão por Competências

O sistema de *Gestão por Competências* tem outro propósito, que conceituamos como:

> *"Sistema que visa mapear as competências técnicas e comportamentais necessárias para as funções de acordo com as características e missão, visão e valores do órgão, graduá-las e atribuir-lhes uma forma de aferi-las de*

*maneira objetiva, identificar os gaps de cada servidor avaliado e estabelecer um Plano de Desenvolvimento das mesmas, fazendo o seu acompanhamento."*

Mas ambos podem e devem conviver perfeitamente de maneira harmônica, conforme vai se constatar na evolução deste capítulo.

Existem casos de empresas públicas que passaram a conceder aumentos salariais somente pela conquista de competências. A consequência foi uma folha de pagamento inchada, muitos certificados, e os resultados da organização são os mesmos.

## 5.2.3. Carreira

Numa empresa privada o empregado pode construir sua carreira, entrar como *office boy* ou estagiário e chegar a presidente. Geralmente o plano de cargos tem uma fase de avaliação dos cargos e funções, em que dentro de cada carreira por nível de escolaridade tem subdivisões dos cargos e funções pelo grau de importância que eles recebem na avaliação dos fatores, representados pelos pontos.

Nela, os salários são diferentes também, de acordo com os pontos citados e o que o mercado paga. Então as oportunidades de carreira são abertas.

De maneira geral, nos órgãos públicos, as carreiras são definidas pela formação ou escolaridade, ficando mais limitados: cargos de nível fundamental, cargos de nível médio e técnicos e cargos de nível superior.

Existe uma limitação legal. As pessoas que fazem concurso público para determinada carreira de um nível escolar não podem ter acesso a cargos de nível superior, devem para isto fazer outro concurso público.

A lei evita que o que acontecia antes, quando alguém com formação superior fazia um concurso para cargos com menos exigências para passar e logo depois era promovido para um cargo superior. Mas como fator negativo, limita o aprendizado, com impacto negativo na motivação do servidor e na produtividade.

O servidor que quer crescer está em cargo de nível médio, faz curso superior, muitas vezes com incentivo financeiro do próprio órgão, e acaba exercendo outras funções mais complexas, pelas competências adquiridas e certo comodismo da gestão, caracterizando desvio de função e por vezes problemas trabalhistas.

Qual a solução? Trabalhar com cargo e função, conforme já exposto.

### 5.2.4. CARGO

Cargo é o título resultante do agrupamento de atribuições ou responsabilidades, de mesma natureza, nível de complexidade e requisitos.

O cargo é plural e genérico como se fosse o sobrenome de uma família. Exemplo: Analista, Assistente Administrativo, Analista, Jogador de Futebol.

Então sabe-se que o cargo de Analista precisa ter nível superior, faz análises que submete à apreciação de alguém; o cargo de Assistente Administrativo presta atividades de apoio administrativo com complexidade de nível médio de escolaridade. O jogador, joga futebol...

### 5.2.5. FUNÇÃO

É o conjunto de atividades, tarefas, atribuições, responsabilidades efetivamente exercidas pelo ocupante de um posto de trabalho, com a sua especificidade. A função é singular e específica, como se fosse o nome da pessoa. O cargo, por sua vez, seria equivalente ao sobrenome. Exemplo: Assistente de *Contas a Pagar,* Analista de *Projetos Sociais,* Jogador *Ponta Esquerda.*

Vamos demonstrar a importância de cargo e função para evolução de outra forma, que é a possibilidade de, estando num mesmo cargo, o indivíduo poder executar outras funções em que necessita de outras competências técnicas e comportamentais.

Quando as funções são de nível de complexidade semelhante, exigindo requisitos ou competências parecidas para exercê-las, podemos ter várias funções dentro de um cargo.

Exemplo de funções que um cargo de Assistente Administrativo pode exercer (Estrutura = cargo + o título do processo que ele executa):

- Assistente de Folha de Pagamento – faz os lançamentos dos dados no sistema da folha.

- Assistente de Treinamento – controla os cursos, agendamentos, lança os dados de cursos dos servidores no sistema.

**Tabela 1:** *Tabela de cargos e funções*

| Carreira | Cargo | Função | Área | Faixa Salarial |
|---|---|---|---|---|
| Ensino Médio | Assistente | Almoxarife | ASI | I |
| | | Apoio geral | DIVERSAS ÁREAS | |
| | | Atendimento ao cliente | CRC | |
| | | Cobrança | FCC | |
| | | Eventos | MCO | |
| | | Frota | ASI | |
| | | Logística | CVA | |
| | | Manutenção | ASI | |
| | | Monitoração de Call Center | CRC | |
| | | Patrimonial | ASI | |
| | | Planejamento de estoque | ASI | |
| | | Protocolo | ASI | |
| | | Segurança patrimodial | ASI | |
| | | Seguros | ASI | |
| | | Serviços gerais | | |
| | | Suporte vendas | CCO | |
| | | Treinamento | AGP | |

É importante termos clareza da importância de no plano de cargos, carreira e vencimentos dos órgãos públicos termos mapeado e desdobrado os cargos em funções.

Em um plano de cargos, pode-se trabalhar com *cargo e função,* mas num Programa de Gestão por Competências, trabalha-se especificamente com a *função,* caso contrário, tudo vai ser genérico: a avaliação, a necessidade de treinamento etc.

Dará muito mais trabalho para descrever todas as funções, mas em compensação teremos, para a parte de Competências, clareza para avaliar, identificação precisa dos gaps (lacunas) de necessidades de treinamento.

Para o plano de cargos, desta forma, podem-se conceder aumentos de mérito pela Entrega do Servidor, medidas de forma objetiva, como na proposta da Metodologia da Avaliação de Desempenho com Foco em Competência.

Preparam-se pessoas mediante um sistema de rotação de funções, inclusive as de liderança; evita-se a rotina estafante de sempre estar executando a mesma coisa; melhora a motivação e retenção. Como consequência, teremos melhoria na qualidade do serviço prestado, com impacto positivo na produtividade e atendimento ao contribuinte, que em última análise é quem paga os vencimentos por meio dos impostos.

Então, com a metodologia proposta, a evolução na carreira pode ser dentro de um cargo, mas executando várias funções diferentes.

O título do cargo raramente muda, a função pode ser alterada sempre que houver movimentação.

Pode-se trabalhar com vencimentos individuais diferentes, de forma legal e sem riscos, desde que os critérios de evolução na carreira e pagamento dos vencimentos sejam bem elaborados, com política e regulamento claros e possuir um bom sistema de avaliação de desempenho e se a política ou regulamento traçados forem realmente praticados.

A metodologia exposta neste livro pode orientar e ser a base que foca as atribuições e mensura o desempenho do servidor para a elaboração de um regulamento que a própria legislação outorga esse direito/dever, conforme texto da EMC 19, logo abaixo.

Cabe um trabalho fundamental de preparação dos gestores e servidores mediante treinamento, sensibilização e controle, para que ela seja executada propiciando a justiça necessária e evitar riscos trabalhistas.

> *"Art. 5º. O art. 39 da Constituição Federal passa a vigorar com a seguinte redação:*
>
> *"Art. 39. A União, os Estados, o Distrito Federal e os Municípios instituirão conselho de política de administração e remuneração de pessoal, integrado por servidores designados pelos respectivos Poderes.*
>
> *§ 1º A fixação dos padrões de vencimento e dos demais componentes do sistema remuneratório observará:*
>
> *I – a natureza, o grau de responsabilidade e a complexidade dos cargos componentes de cada carreira;*
>
> *II – os requisitos para a investidura;*
>
> *III – as peculiaridades dos cargos."*

## 5.3. AVALIAÇÃO DE DESEMPENHO

Aqui temos um problema sério, pois os fatores são definidos em lei. Os sistemas de avaliação em geral não têm atendido, são pouco rigorosos.

Os gestores nem sempre estão preparados. Existe influência política. E o processo de escolha de quem vai ser o "chefe" em geral passa por critérios mais políticos. E se o chefe for eleito, quem é o subordinado pode ser o próximo chefe avaliador, o que em geral faz com que a avaliação seja um jogo muito mais para justificar um aumento de salário do que avaliar o desempenho propriamente.

Então os bons servidores se sentem injustiçados, pois tanto faz gerar um bom trabalho e resultados ou somente comparecer ao trabalho, o valor dos vencimentos ou da remuneração será o mesmo. "Bons" e "maus" servidores não são distinguidos.

A Lei nº 8.112, de 11 de dezembro de 1990, que dispõe sobre o regime jurídico dos servidores públicos civis da União, das autarquias e das fundações públicas federais, diz:

"*Art. 116. São deveres do servidor:*

*I – exercer com zelo e dedicação as atribuições do cargo;*

*II – ser leal às instituições a que servir;*

*III – observar as normas legais e regulamentares;*

*IV – cumprir as ordens superiores, exceto quando manifestamente ilegais;*

*V - atender com presteza:*

*a) ao público em geral, prestando as informações requeridas, ressalvadas as protegidas por sigilo;*

*b) à expedição de certidões requeridas para defesa de direito ou esclarecimento de situações de interesse pessoal;*

*c) às requisições para a defesa da Fazenda Pública.*

*VI – levar ao conhecimento da autoridade superior as irregularidades de que tiver ciência em razão do cargo;*

*VII – zelar pela economia do material e a conservação do patrimônio público;*

*VIII – guardar sigilo sobre assunto da repartição;*

*IX – manter conduta compatível com a moralidade administrativa;*

*X – ser assíduo e pontual ao serviço;*

*XI – tratar com urbanidade as pessoas;*

*XII – representar contra ilegalidade, omissão ou abuso de poder.*

O Decreto nº 6.944, de 21 de agosto de 2009, estabeleceu medidas organizacionais para o aprimoramento da administração pública federal direta, autárquica e fundacional, entre as quais:

> *"Art. 1º. Para fins deste Decreto, considera-se fortalecimento da capacidade institucional o conjunto de medidas que propiciem aos órgãos ou entidades da administração pública federal direta, autárquica e fundacional a melhoria das suas condições de funcionamento, compreendendo as de caráter organizacional, que lhes proporcionem melhor desempenho no exercício de suas competências institucionais, especialmente na execução dos programas do Plano Plurianual – PPA.*
>
> *§ 1º As medidas de fortalecimento da capacidade institucional observarão as seguintes diretrizes:*
>
> *I – organização da ação governamental por programas;*
>
> *II – eliminação de superposições e fragmentações de ações;*
>
> *III – aumento da eficiência, eficácia e efetividade do gasto e da ação administrativa;*
>
> *IV – orientação para resultados;*
>
> *V – racionalização de níveis hierárquicos e aumento da amplitude de comando;*
>
> *VI – orientação para as prioridades de governo; e*
>
> *VII – alinhamento da proposta apresentada com as competências da organização e os resultados que se pretende alcançar.*
>
> *§ 2º O fortalecimento da capacidade institucional será alcançado por intermédio:*
>
> *I – da criação e transformação de cargos e funções, ou de sua extinção, quando vagos;*
>
> *II – da criação, reorganização e extinção de órgãos e entidades;*

*III – da realização de concursos públicos e provimento de cargos e empregos públicos;*

*IV – da aprovação e revisão de estrutura regimental e de estatuto;*

*V – do remanejamento ou redistribuição de cargos e funções públicas; e*

*...*

*Art. 2º As propostas sobre matéria de que trata o § 2º do art. 1º serão encaminhadas ao Ministério do Planejamento, Orçamento e Gestão e, quando couber, submetidas à apreciação da Casa Civil da Presidência da República, nos termos do disposto no Decreto nº 4.176, de 28 de março de 2002, e deverão conter:*

*I – justificativa da proposta, caracterizando-se a necessidade de fortalecimento institucional, demonstrando o seu alinhamento com os resultados pretendidos, em especial no que se refere aos programas do PPA;*

*II – identificação sucinta dos macroprocessos, produtos e serviços prestados pelos órgãos e entidades; e*

*III – resultados que se pretende alcançar com o fortalecimento institucional e indicadores para mensurá-los."*

Está evidente a intenção do legislador, quando se analisa este decreto. Mas que ferramentas os órgãos públicos, com raras exceções, têm?

Agora imaginemos este decreto sendo atendido, tendo um sistema em que o processo de avaliação inicia pelas metas de resultados a serem alcançados no órgão público.

Utiliza no regulamento avaliação de desempenho usando as quatro perspectivas de avaliação: responsabilidades da função, competências técnicas e comportamentais. Imaginemos também que, decorrente do processo de avaliação, cada servidor tem um coeficiente de desempenho representado por um número. Este número pode condicionar a possibilidade de aumento de vencimento ou evolução na carreira. E ainda, se a avaliação for 360°, já diminui bastante o impacto da injustiça.

Pode ser montada uma estrutura, então, em que o servidor possa ter um aumento salarial decorrente de Competências entregues, mas não apenas pautadas no CHA, mas nas quatro perspectivas já citadas. A avaliação gera um coeficiente de desempenho que pode, mediante uma tabela auxiliar, conceder aumentos salariais de acordo com o resultado desse coeficiente.

Esta é uma maneira de realizar justiça salarial com transparência, porém, como mencionado por Rogerio Leme no Item 4.3 do Capítulo 4, a recomendação é que a construção das diretrizes das políticas de remuneração sejam amplamente debatidas entre servidores, representantes da alta gestão, técnicos e especialistas nos assuntos que tangem a política e, inclusive, o sindicato.

# CAPÍTULO 6

# EDUCAÇÃO CONTEMPORÂNEA NAS ORGANIZAÇÕES — O DESAFIO DE UM SISTEMA DE DESENVOLVIMENTO HUMANO COMPETITIVO

MARCIA VESPA

## 6.1. INTRODUÇÃO

O objetivo deste capítulo é apresentar as transformações ocorridas nas formas de desenvolvimento humano no contexto empresarial, da transição do conhecimento técnico e funcional puros para o desenvolvimento de atitudes e habilidades.

## 6.2. A EDUCAÇÃO CORPORATIVA – UMA VISÃO AMPLIADA NAS PRÁTICAS E PROGRAMAS DE TREINAMENTO PROFISSIONAL

Gostaria de firmar um compromisso com você leitor: o de oxigenar o tema educação corporativa, desenvolvendo um raciocínio que o possibilite refletir sobre as práticas de desenvolvimento de pessoas – as que estão dando certo e as que merecem ainda alguns cuidados – considerando os fatores críticos de sucesso de um projeto de desenvolvimento das competências humanas na prática.

Sem a pretensão de englobar todos os cenários, em tão pequeno espaço, este capítulo vem permitir uma discussão que assegure que a qualidade do investimento em pessoas seja mais importante que a quantidade de investimentos em pessoas, permitindo reunir, organizar e mensurar o conhecimento do ponto de vista de uma maior eficácia da ação.

Caminhemos juntos!

Creio que, muitos de nós, temos acreditado e buscado consolidar a crença de que as pessoas são os principais ativos de uma empresa.

Convictos de que uma empresa se faz com pessoas, e que nunca será maior ou melhor do que as pessoas que possui, temos, como gestores de pessoas, desencadeado ações que buscam enaltecer o capital intelectual, seja por meio de um ambiente liberador do potencial, seja com desafios que favoreçam a exploração da inteligência, da criatividade, da capacidade de entrega, do sentimento de utilidade e do pertencer, incorporando e fortalecendo as práticas de atração e retenção de talentos. Afinal, pensar e criar são os ativos dos quais dependem as empresas do conhecimento e, para tanto, merecedores de um novo modelo de gestão.

Este novo estilo de gestão tem por propósito conquistar uma verdadeira cultura empresarial de competência e resultado, propondo mudanças de mentalidade, tanto na esfera da organização, como no âmbito da pessoa.

O mercado tem sido cada vez mais exigente com empresas de todos os segmentos e portes, principalmente com as fornecedoras de serviços, como é o nosso caso, cujos progresso e crescimento são determinados pela qualidade dos serviços oferecidos.

A imagem institucional nunca foi tão afetada pelas responsabilidades e atitudes assumidas e demonstradas por aqueles que nos representam – nossos servidores, incluindo os nossos exemplos.

Não obstante, ainda temos que desmoronar, por vezes, velhos conceitos (ou preconceitos) advindos de impressões negativas de um passado que ainda parecem pairar, fomentando diretamente a percepção da primeira impressão do usuário-cidadão.

**Figura 6.1:** Relação Instituição Pública, Servidor e Usuário-Cidadão.

Resta-nos considerar que, mesmo com desafios grandes, o sucesso da instituição em realizar seu trabalho dentro do estado está intrinsecamente atrelado ao aprendizado consistente e continuado, gerador de conhecimento e fomentador de habilidade, comprovando a efetividade do que foi aprendido, considerando a percepção do servidor.

Para que haja aprendizado se faz necessário o desenvolvimento de atitudes favoráveis. A formação profissional é indubitavelmente entendida como um instrumento fundamental ao desenvolvimento das organizações.

E se temos sido afetados por um cenário frenético podemos concluir que os métodos de treinamento e aprendizagem nas corporações precisam ser revitalizados no sentido de proverem soluções adequadas para os seus problemas, fazendo parte da estratégia de enfrentamento do desafio da mudança.

Este entendimento, como não poderia deixar de ser, impacta fortemente no perfil dos profissionais, pois, diante deste ambiente, conclui-se que o saber técnico exclusivo se torna insuficiente para atender as demandas atuais e futuras, tornando-se necessárias a implantação de sistemas educacionais competitivos que enalteçam o desenvolvimento de atitudes e habilidades capazes de gerar incrementos superiores aos propósitos e objetivos da instituição.

## 6.3. O DESAFIO DE UM SISTEMA DE DESENVOLVIMENTO HUMANO COMPETITIVO

Em um mundo em que as bases geradoras de riqueza das nações se pautam no conhecimento criador, o tema Educação Corporativa ganha volúpia não por acaso, despertando interesse em empresas que se preocupam com a competitividade e com a qualidade de suas ações.

Quero levá-lo a considerar que o alinhamento dos programas de desenvolvimento humano com os objetivos estratégicos de uma instituição, independentemente de ser pública ou privada, não representa uma novidade.

Porém, a minha experiência tem demonstrado que ainda há uma lacuna bastante acentuada entre teoria e prática, uma vez que boa parte das dificuldades lá atrás encontradas ainda são problemas sem solução para muitos.

Tais deslizes devem-se a uma articulação deficiente entre os objetivos da instituição e os objetivos do desenvolvimento humano, redundando em esforços decepcionantes em termos de resultados.

Falta ainda enraizar a realidade da empresa às ações de educação corporativas. Aponto que a grande parte dos programas de treinamento e desenvolvimento ainda está desconectada das reais necessidades das empresas no que tange os seus verdadeiros fatores críticos de sucesso, seus propósitos reais de existência e seus objetivos estratégicos. Aliado a isso, somam-se questões de valores institucionais e valores pessoais, já que o aprendizado é sem dúvida um fenômeno afetivo.

Ações de desenvolvimento humano só assumirão uma posição de destaque, no momento que forem capazes de preparar as pessoas para enfrentarem os desafios do ambiente de negócios em que se inserem, fazendo da área responsável pela capacitação e de desenvolvimento dos servidores um centro efetivo de resultados e cujos esforços tenham aplicação prática e sua efetividade comprovada.

Ações de desenvolvimento humano terão um papel ativo se desembocarem numa prática concreta. É nosso objetivo transformar discurso em prática e conhecimento em ações. Qualquer dicotomia entre propósito institucional (Missão, Visão e Valores) e comportamentos observáveis no dia a dia, quebra as regras de confiança, inviabilizando melhorias se não mantermos uma constância e coerência adequadas à estratégia de mudança prevista.

Pessoas estão buscando um porquê viver! E nenhuma discrepância é tolerada, mas sim a evidência da sintonia.

Cabem, então, questionamentos quanto à forma de gerir pessoas com base na reconfiguração dos vínculos emocionais destas com a empresa.

Organizações passaram décadas aproveitando pouco os cérebros disponíveis. Estruturas demasiadamente hierarquizadas, processos de tomada de decisão centralizados, autonomia nula, excessos de controles, burocratização extrema, microgerenciamento das tarefas, todas estas práticas contribuíram sensivelmente para a anulação da capacidade do exercício da iniciativa, da proatividade, da criação e transformação da realidade. Chegamos a um ponto em que a cultura da codependência foi institucionalizada de tal forma que ninguém mais assumiu responsabilidades.

Coisas são gerenciadas. Pessoas não! Em tempo, gerenciamento no sentido "micro", detalhes, autocontrole e Gestão no sentido macro, com diretrizes definidas, mas com espaço para ser aplicada inteligência na ação e nas escolhas. Coisas não têm capacidade de escolha. Pessoas sim! Máquinas, tecnologias, podem gerar maior produtividade, mas não pensam!

Quando o cenário é estável e as metas pouco desafiadoras, pode se dar ao luxo de separar a criação do trabalho, da própria execução? Em um mundo onde tudo muda o tempo todo, onde muitas variáveis não são previsíveis devido às incertezas e surpresas dos nossos tempos, e as decisões precisam ser cada vez mais online, é desconcertante e até imprudente fomentarmos estas práticas.

A era da autossuficiência chegou ao fim!

Muito do que foi aparentemente efetivo na era industrial é incabível e devastador na atualidade. Precisamos desenvolver e alinhar sistemas, políticas e procedimentos que favoreçam a participação, que estimulem o sentimento de pertencer permitindo que as pessoas se sintam importantes; um ambiente que estimule novos aprendizados que se materializem em resultados efetivos e duradouros.

Sem dúvida, a Gestão por Competências adquire proeminência como o fator diferenciador na competitividade das empresas públicas. E um salto qualitativo será dado ao alinharmos tais práticas aos objetivos da instituição.

## 6.4. A CONEXÃO SÓLIDA DOS PILARES DA ORGANIZAÇÃO ENVOLVENDO A SUA MISSÃO, VISÃO, VALORES, OBJETIVOS ESTRATÉGICOS, A GESTÃO POR COMPETÊNCIAS E O DESENVOLVIMENTO DE PESSOAS

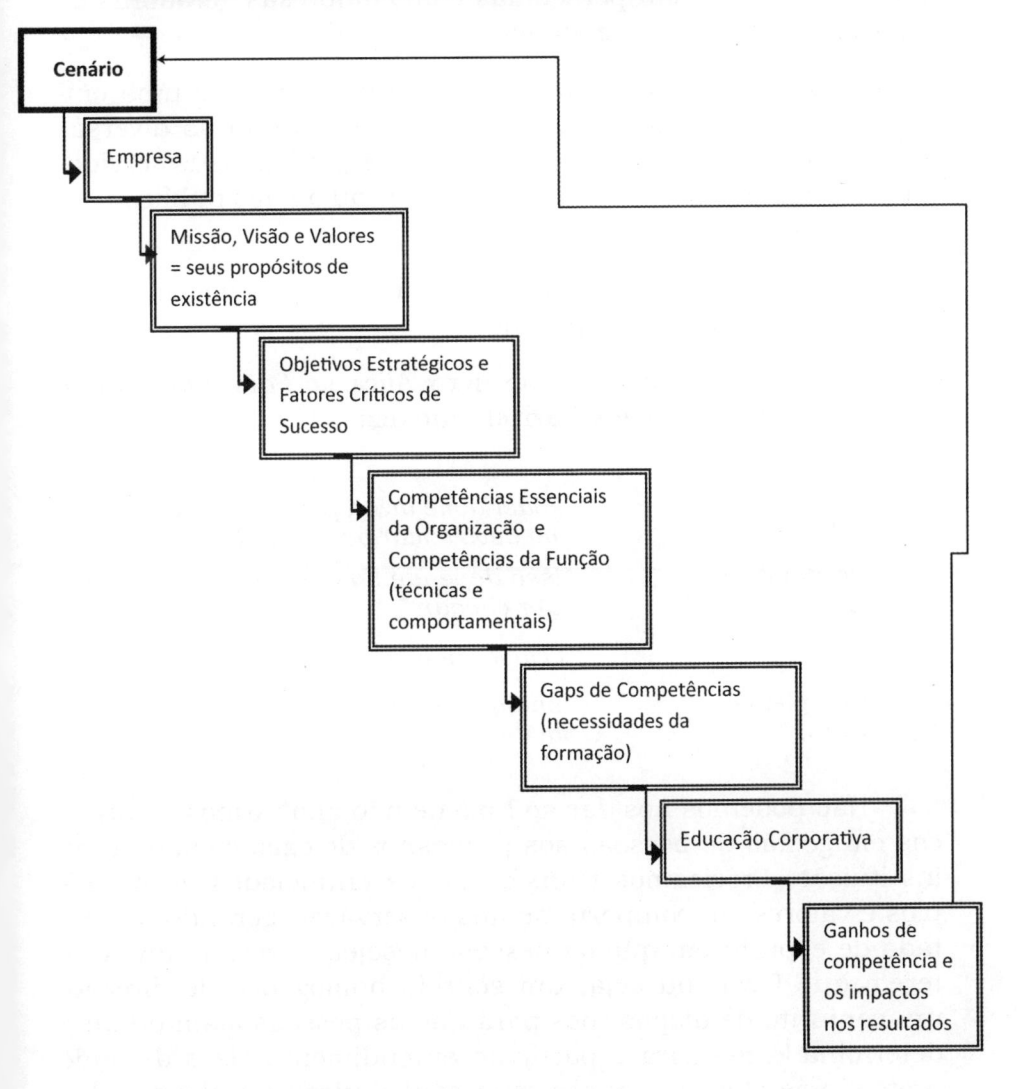

```
Cenário
 └── Empresa
      └── Missão, Visão e Valores
           = seus propósitos de existência
           └── Objetivos Estratégicos e Fatores Críticos de Sucesso
                └── Competências Essenciais da Organização e Competências da Função (técnicas e comportamentais)
                     └── Gaps de Competências (necessidades da formação)
                          └── Educação Corporativa
                               └── Ganhos de competência e os impactos nos resultados
```

**Figura 6.2:** Capacitação e Desenvolvimento Humano Integrado à Estratégia.

A figura acima retrata uma área de Capacitação e de Desenvolvimento integrado à própria estratégia da instituição. A educação corporativa é a prática mais vantajosa para as instituições conseguirem desenvolver e reter os talentos que realmente precisam para atingirem as suas metas crucialmente importantes, e serem percebidas como empresas geradoras de valor pela sociedade que atende.

Reter talento sim, embora pareça um termo de uma empresa privada, é uma preocupação muito comum às diversas instituições e órgãos do setor público que perdem seus servidores concursados para outras instituições ou órgãos públicos por oferecer mais vantagem.

É nosso objetivo melhorar a organização por meio do aprendizado contínuo e aplicado.

Existe uma passagem no livro *Alice no País das Maravilhas*, de autoria de Lewis Carroll, que diz:

| | |
|---|---|
| Pergunta Alice: | *"Poderia me dizer, por favor, que caminho devo tomar para sair daqui?"* |
| Responde o Gato: | *"Isso depende bastante de aonde você quer chegar."* |
| E Alice: | *"O lugar não importa muito..."* |
| Completa o Gato: | *"Então não importa que caminho você vai tomar".* |

Não podemos nos dar ao luxo de não alinharmos as práticas em gestão de pessoas aos propósitos de existência de uma instituição. Precisamos transformar os enunciados de princípios e valores em comportamentos observáveis gerando um estado de espírito em que as pessoas desejem fazer, ao invés de terem que fazer, ou seja, um sentido homogêneo de direção; um conjunto de disposições para que as pessoas ajam de uma determinada maneira a partir do entendimento claro de onde pretende-se chegar e qual a sua contribuição no alcance dos objetivos, coibindo o vazio psicossociológico e garantindo que as ações encontrem eco nas pessoas para que exerçam a capacidade de pensar e agir simultaneamente. O desenvolvimento do conhecimento, de valores e do raciocínio.

Consideremos que isso é mais do que um conceito simplista; é uma mentalidade compartilhada, um novo paradigma, um entendimento profundo dos por quês; uma conexão entre objetivos e responsabilidades. A ação do conhecer é inseparável do objeto de conhecimento. É poder conceber e direcionar os investimentos ao desenvolvimento humano de modo a agregar valor para as pessoas e para a organização simultaneamente, já que informação é cumulativa, mas conhecimento é seletivo. Não basta ter uma grande ideia. É fundamental definir uma boa estratégia.

A Gestão por Competências enquanto uma estratégia de negócio é a base para um modelo de gestão de pessoas ao mesmo tempo que fará ecoar na empresa a sua Missão, a sua Visão, os seus Valores, os seus propósitos de existência, tanto quanto as suas metas e seus desafios. Trata-se de uma aprendizagem contextualizada, cujos comportamentos devem se tornar observáveis.

Mesmo com tantas evidências que comprovem o valor do capital humano nas organizações, nem sempre o óbvio se confirma. O fato é que não podemos administrá-lo de maneira tão aleatória e compartimentada.

Não há dúvida de que ainda estamos em obras. Organização e pessoas, lado a lado, precisam estabelecer uma troca e um compartilhar de competências gerando o crescimento de todos os envolvidos. Quando a empresa transfere a sua competência aos seus membros, e estes o seu aprendizado à organização, há um preparo natural e importante para novos desafios. Um foco no futuro, e não no passado. Competência, portanto, passa a ser um valor de troca entre a instituição e os seus servidores.

A Gestão baseada em Competências alinhada à Missão, Visão e Valores e objetivos estratégicos e fatores críticos de sucesso tem o poder da unificação e integração, e tende a garantir o desenvolvimento do capital humano com alto nível de satisfação e motivação, e com os resultados que nos permitam caminhar adiante, sem retrabalhos, ou desperdícios financeiros e do moral da equipe.

O capital humano cresce quando a organização é capaz de fazer um bom uso do conhecimento que as pessoas têm e quando as pessoas sabem o que é realmente útil ou crítico para a organização saber.

A Gestão por Competências permite reunir e organizar os conhecimentos existentes e os não existentes com base nas competências essenciais do negócio, e, por conseguinte, uma maior eficácia das ações de desenvolvimento, enaltecendo o ambiente institucional na sua totalidade e especificidade, na sua complexidade e dinâmica própria.

Diante do que nos parece tão salutar, verifique se tem assegurado as principais práticas de sucesso quando das ações de desenvolvimento de pessoas na empresa:

1. Desenhe os Programas de Desenvolvimento Humano a partir das Competências Essenciais da Organização e seus fatores críticos de sucesso (necessidades globais) alinhados aos objetivos estratégicos. Mantenha uma constância e coerência suficientemente adequadas às estratégias.

2. Lembre-se que o objetivo do investimento é desenvolver talentos para o alcance dos objetivos da organização e que os programas de treinamento devem ser desenvolvidos para a solução de problemas específicos, reunindo pessoas que têm em comum esses problemas. Não trate esta etapa como inutilmente ambiciosa.

3. Avalie e desenvolva Competências. Todo desenvolvimento deve considerar as facilidades de aplicação imediatas e concretas. Ações sem respaldo da direção e cultura inibidora da aplicação do conhecimento trazem prejuízos reais e afetam substancialmente a credibilidade das ações de T&D. Evite modismos. Analise o ambiente. Antecipe-se às dificuldades. Trate os problemas (sinais do

meio devem ser tratados como elementos importantes do sucesso da formação) como oportunidades de melhoria e aprendizado. Minimize os riscos.

4. Estimule os gestores a se envolverem com processo de educação, assumindo assim seu papel de agentes de mudança, formadores de talentos e disseminadores da cultura organizacional. Busque aliados e minimize as resistências. Prepare-os. Desenvolva-os dentro do propósito da importância de formarem outros líderes. Nada mais perverso do que impedir o desenvolvimento de um profissional porque ele faz falta no ambiente de trabalho. Ou ainda, ser impedido de aplicar o conhecimento, pois a chefia cria empecilhos que coíbem a transferência do saber. Sem esgotar, mas vale considerar, o temor que alguns líderes têm de preparar pessoas e perdê-las para outras gerências, seções, coordenações ou secretarias. Não permita que as ações de T&D não encontrem eco ou continuidade. Evite o choque entre o aprendizado e a realidade vigente, a tão aludida distância entre teoria e prática. Não basta ter a intenção de mudar, é preciso ter vontade política e condições para mudar.

5. Cubra todos os atores da aprendizagem. Conecte os objetivos da formação com os interesses e expectativas dos participantes. Permita que os envolvidos compreendam os objetivos da formação e da mudança e a sua compreensão no conjunto global. Estimule as pessoas a se responsabilizarem pelo processo de autodesenvolvimento.

6. Mensure resultados. Não se pode permitir este ir e vir de investidas nos mesmos temas ou conteúdos, a não ser que esteja considerando um aprofundamento e uma maior abrangência do saber. Não avalie apenas competências. Faça a sua gestão. Concentre a sua atenção em problemas específicos.

7. Aculture os parceiros externos a sua realidade. Consultores externos (e internos também) devem ser treinados antes de adentrarem em uma sala de aula; eles devem conhecer profundamente a Missão, Visão, os Valores, o

contexto e a dinâmica da instituição e seus objetivos. Não deve haver dissonância entre a proposta e a prática, entre a linguagem e o ambiente, entre as soluções apresentadas e a transferência imediata.

8. Encare e trate o aprendizado como um meio, e não um fim. Uma ação isolada de desenvolvimento de competências tem efeitos limitados. Um processo gradativo e ininterrupto tende a desenvolver o espírito crítico dos participantes, o que contribui para a mudança de comportamentos. Mudar comportamentos significa alterar hábitos enraizados, para que novos ganhem força. Mudar é um processo.

Nunca na história a educação assumiu uma importância absolutamente fundamental como forma de gerar e aglutinar competências.

A missão da educação corporativa é deixar as pessoas em um estado de prontidão para que não sejam surpreendidas por uma mudança de rota. Nada mais é do que preparar as pessoas para que tenham autonomia e sejam capazes de gerar soluções para os problemas do cotidiano. Quanto maior a velocidade de resposta às dificuldades existentes (atuais ou futuras), maior é a garantia do cumprimento e da excelência da realização do papel proposto pelo órgão público. Portanto, mais do que ter um estoque de conhecimentos, temos que dar condições de acréscimo de novos conhecimentos, saber associar conhecimentos, desenvolver o espírito crítico e ao se defrontar com situações novas, saber tomar decisões.

Trabalhe nestes preceitos concebendo que as organizações são organismos em aprendizado constante.

## 6.5. COMO GARANTIR O SUCESSO DA IMPLANTAÇÃO DA GESTÃO POR COMPETÊNCIAS CONSIDERANDO O PAPEL DOS LÍDERES ORGANIZACIONAIS

Para criar capital humano e gerenciar o conhecimento, uma empresa precisa fomentar o trabalho em equipe. O talento individual é ótimo mas pode sair pela porta a qualquer momento. A educação corporativa é a fórmula da geração de líderes.

Precisamos ter bastante claro que um processo de avaliação por competências efetivo depende não somente de métodos, instrumentos e tecnologia, mas, sobretudo, de uma liderança preparada, base da sustentação da excelência que qualquer estratégia pressupõe.

As resistências e tentativas de retorno ao estado ou estágio passado são mais frequentes que imaginamos. Muitos profissionais me procuram chocados afirmando que os líderes não se engajam, não se comprometem e apregoam aos quatro cantos se tratar de mais um projeto sem futuro, mais uma tentativa em vão, mais um modismo sem razão.

Se a liderança é o exemplo de conduta que queremos nas nossas organizações, conseguimos imaginar a probabilidade de êxito de um projeto quando as lideranças são os seus maiores adversários. São os líderes que estão sob o olhar dos liderados o tempo todo, e representam a instituição. Não teremos sucesso se não ganharmos adeptos convictos.

Uma liderança inapta causa sofrimento de todas as ordens, seja econômica, processual ou emocional. Pessoas, quando comprometidas, detêm naturalmente um sentimento de propriedade compartilhada. Os mais bem-sucedidos programas de educação corporativa contam com os líderes organizacionais agindo, construindo, atuando como corresponsável pela aprendizagem.

Nenhuma estratégia em gestão de pessoas está imune aos efeitos da integração e interdependência de quem está no comando e seus projetos. Enfatize a introdução de uma nova mentalidade em gestão de pessoas e serviços, comprometendo os líderes da empresa no papel de tutores, treinadores, mentores. Desafie-o e avalie-o nos resultados apresentados nos papéis assumidos. Revise a Gestão de Recursos Humanos criando um ambiente que favoreça um comportamento organizacional mais competente, mais competitivo e mais moderno.

Há muito trabalho a ser feito! Mas é preciso romper a barreira de que não é possível alterar ou modificar as coisas e a cultura em uma instituição pública. É necessário romper o paradigma da "Síndrome de Gabriela" trabalhando para colocar os nossos líderes na trilha do desenvolvimento, seu e do servidor que ele lidera.

O servidor agradece. O estado agradece. O usuário-cidadão agradece. E nós construímos um estado melhor.

Desafiador, não? Este é o espírito do grande servidor público.

Bom trabalho!

# CAPÍTULO 7

## GESTÃO DE PESSOAS E TECNOLOGIA

ELSIMAR GONÇALVES

## 7.1. INTRODUÇÃO

O objetivo deste capítulo é apresentar como a tecnologia pode ajudar no processo de gestão de pessoas para um RH estratégico e também, qual a tecnologia atual e tendências. Quais as recomendações na escolha de uma ferramenta para a gestão e avaliação de competências.

## 7.2. A ARTE DA TI: DADOS *VERSUS* INFORMAÇÕES

Já ouvi muitas definições sobre a TI. Confesso que nenhuma me satisfez tanto quanto a definição do Professor Orlando Ribeiro (www.orlandoribeiro.trd.br) que diz: *"A tecnologia da informação não tem um fim em si mesma. Ela é um instrumento para auxiliar o progresso da humanidade."*

Gosto desta definição, pois ela clarifica um pouco o que a TI deve ser. Estamos numa era em que a TI precisa ser entendida de uma forma mais objetiva para que possa dar resultados.

Podemos compreender **Tecnologia** como uma das necessidades básicas da humanidade. Desde a descoberta do fogo até o acesso ao mundo por meio de um simples aparelho de telefonia móvel, buscamos uma evolução contínua, sem perceber, fizemos uso do conhecimento técnico, científico e de todas as ferramentas disponíveis, ou seja, da mais pura Tecnologia.

Podemos entrar em colapso, por excesso ou por falta de **Informação**. Dados quando não recebem a devida tratativa são apenas dados. Porém, quando devidamente processados, manipulados e organizados, tornam-se informação e, isso, é o que realmente importa.

Isso justifica a evolução do uso da Tecnologia, no início da informática, quando os dados eram gerados com muito estudo. O "tudo" que se gerava, na realidade, era "muito pouco" devido ao alto custo. Assim as ações e cada movimento tinham que ser bem planejados, ter um destino certo, justamente para que todo dado virasse uma informação.

Com a popularização da informática começamos a gerar dados sem uso ou aplicação imediata, e alguns deles até mesmo sem uso em longo prazo.

Temos tudo armazenado. Coisas úteis e coisas que ainda nem sabemos se serão úteis um dia. Com isso, entramos na era dos muitos dados para pouca informação, alimentando assim o "lixo digital".

Como tudo é passível de aperfeiçoamento, estamos caminhando para um período de melhor aproveitamento dos dados. Hoje temos as áreas de BI *(Bussiness Intelligence)*, com os "super" relatórios, estatísticas, obtendo informações de sistemas diferentes e muito mais, tudo isso para contribuir para o uso "correto e seguro" dos dados.

Faço aqui uma reflexão. Será que você possui mais dados ou mais informações? E sua área, gerência, coordenação ou secretaria? Em especial, referente à Gestão de Pessoas? Será que você ou sua organização utiliza todos os dados que gera?

Podemos tomar como exemplo alguns dados de fichas cadastrais, antes fundamentais, hoje desprezados. Campos como cor dos olhos, cor de cabelos, cor da pele, eram campos que há vinte anos tinham em qualquer formulário de informações pessoais, mas que atualmente são dados que não têm muita utilidade, até mesmo porque podem caracterizar discriminação.

Entretanto, quem já tinha a cultura de coletar esses dados, pode continuar a fazê-lo, mas isso não quer dizer que serão utilizados. Por isso temos muitos dados armazenados e nem todos se tornaram informação.

## 7.3. TRANSIÇÃO TECNOLÓGICA DO RH

Antes o RH era operacional, fazia o trabalho mecânico de gerenciar pessoas, ou melhor, "administrar" pessoas. Havia muitos dados e pouca informação.

Como administradores, o RH não era participante das decisões estratégicas, embora sempre foram as pessoas que fizeram, fazem e farão a estratégia de uma empresa acontecer.

Hoje, o RH estratégico tem por função atuar diretamente na estratégia da organização subsidiando as pessoas e suas competências para que as metas e desafios, cada vez mais audaciosos, possam ser conquistados. O RH estratégico participa da construção e da materialização da estratégia, sendo alicerce para execução e tomadas de decisão.

Para isso acontecer, na velocidade do mundo contemporâneo e pela demanda exigida da sociedade de ter um governo e serviços públicos melhores e mais eficientes, assim como a operação finalística das instituições públicas, chamadas de "área fim", este RH estratégico precisa ter informações, e estas devem ser rápidas e assertivas. Dados apenas não atendem as demandas um RH estratégico.

Este é o ponto a ser analisado e modificado na área de TI, pois grande parte dos softwares, supostamente intitulados ou direcionados para RH, são apenas automatizações de processos e, muitas vezes, de processos administrativos ou contábeis de pessoas, como os da era da "administração" de pessoas, não apresentando a inteligência básica para que o seu conteúdo atenda a demanda do novo RH, que deve estar pautado em informações.

No entanto, é visível que os profissionais de RH estão se dando conta de que viver essa transição é mais abrangente e complexa do que parece, pois não se limita às automatizações de processos.

O RH sabe que precisa desta transição, porém é necessário entender e estabelecer qual o foco inicial e, principalmente, o propósito final dessa transição.

Algumas organizações acreditam que o RH de autoatendimento é o modelo mais interessante. Nele, a organização possui um mecanismo de interação com excelentes resultados operacionais, tais como menos fila, maior agilidade no atendimento do RH. Não que esta não seja uma realidade e necessidade atual, assim como os portais de RH voltados ao servidor, mas é importante questionar se esta não seria apenas mais uma automatização de processos. Será possível ir além?

É preciso olhar a transição com base nas necessidades atuais, sem perder o foco da conexão emocional a ser realizada entre a informação disponibilizada, o servidor e o objetivo da instituição.

O RH tem carência não apenas de softwares, mas de softwares com metodologias que atendam às demandas contemporâneas das organizações que muitas vezes não estão expressas em teorias de autores de trinta ou quarenta anos atrás. Não dá para ter mais do mesmo se o resultado atual é insatisfatório.

## 7.4. RH E A ÁREA DE TECNOLOGIA

Uma das leis fundamentais da eletricidade diz que "cargas de sinais iguais se repelem, e as cargas de sinais diferentes se atraem".

Essa afirmação científica é a melhor forma de relacionar as áreas de TI e RH, pois são tão distintas que se completam.

Por muitos anos acreditamos que o RH fazia apenas o cumprimento da legislação trabalhista – era chamado de DP, o Departamento Pessoal. Hoje sabemos que o RH faz parte da estratégia de crescimento de qualquer organização pública ou privada.

Da mesma forma, o TI sempre teve sua notoriedade nos processos de crescimento, mas por muito tempo ele era apenas um facilitador do cumprimento das diretrizes. Hoje sabemos o quanto o TI é consultado para a estratégia da organização, não como fornecedor apenas, mas sim como provedor de soluções.

Quero abrir uma defesa ao RH neste momento; antes o RH não tinha métodos 100% confiáveis, existia uma subjetividade muito grande nos processos dos subsistemas de RH, mas hoje esses processos estão sendo substituídos por metodologias sérias, com bases científicas e comprovadas.

É claro que algumas organizações ainda possuem métodos obsoletos, mas em sua grande maioria já podemos ter processos tecnológicos que tenham começo, meio e fim, e isso é o que o RH e TI devem procurar e se aproximar, possibilitando à organização buscar resultados com maior assertividade.

Portanto, o RH deve buscar conceitos, o entendimento do que realmente quer e precisa proporcionar para atender os objetivos estratégicos, além, é claro, de qual será a conexão emocional com servidores para o alcance desses objetivos. E então, com o apoio da área de TI, trabalhar na construção de propostas, tendo a área de TI como parceiros e não como milagreiros capazes de resolver algo que parece ser apenas um "probleminha".

É preciso promover uma grande sinergia entre essas áreas.

## 7.5. TECNOLOGIA E A VANGUARDA DOS RESULTADOS

Com o advento da web temos alguns movimentos que estão em evidência. Irei passar por alguns para podermos entender o que a TI tem nos proporcionado.

### 7.5.1. Web 2.0

A web 2.0 é um movimento que incentiva o uso das redes sociais e da gestão do conhecimento de maneira mais aberta. Apesar de parecer uma atualização tecnológica, ela é um conceito. Naturalmente a web evoluiu, mas não temos que nos preocupar se nossos computadores conseguirão funcionar na web 2.0, temos que nos preocupar se nós conseguiremos aproveitá-la bem.

Afinal já estamos nesse novo mundo, temos fenômenos como Facebook, Twitter, Youtube, todos esses sites de relacionamento estão construídos na filosofia da web 2.0.

Sabemos que hoje muitas pessoas estão conectadas nessas redes, no entanto sabemos que junto com as redes sociais virtuais vieram também a propagação positiva, ou não, das ações das organizações.

Neste item específico, eu gostaria de sugerir que estes mecanismos sejam vistos com certo carinho. Temos hoje uma geração em que o twitter virou seu diário, com isso podemos estar mais próximos dos servidores e de suas famílias. Hoje, todo mundo quer "seguir alguém". Essa é a frase "internáutica" que ecoa nas pessoas.

Portanto, as redes sociais são fonte de aproximação entre as pessoas e entre a empresa e seus funcionários, desde que sejam utilizadas de maneira inteligente e atrativa. Não vá sair cobrando as pessoas pelo twitter, ok?

### 7.5.2. *Cloud Computing*

A *Cloud Computing* ou "Computação em Nuvem" é uma tecnologia e não um conceito. Com ela é possível ter maior velocidade de acesso aos dados que temos, pois essa técnica visa aumentar a capacidade de processamento dos dados.

Hoje temos armazenadas muitas informações, e para ter acesso a elas é preciso investir em um grande aparato técnico, servidores, roteadores, memória, *storages*, *firewall* etc. Por outro lado, temos também uma certa ociosidade sazonal no uso de recursos tecnológicos de hardware.

Muitas organizações possuem servidores (computadores) de processamento que trabalham no seu limite, outros não utilizam a capacidade total de processamento que possuem ou não a utilizam a todo momento.

A computação em nuvem "distribui o processamento" entre os servidores (computadores) da nuvem fazendo, desta forma, com que não haja computadores sobrecarregados enquanto em outros estão sobrando capacidade de processamento.

O grande atrativo da *Cloud Computing* é a promessa de maior velocidade de processamento de dados com menor investimento em hardware.

A cada dia buscamos novas tecnologias que nos levem ao acesso cada vez mais rápido à informação, precisamos acompanhar esses movimentos, pois com eles podemos gerar um ponto diferenciado na comunicação e na informação, a VELOCIDADE.

### 7.5.3. *Bussiness Intelligence*

Existe hoje empresas e áreas especializadas em BI, para nós "Inteligência de Mercado", mas qual o papel desta nova sigla?

Um dos conceitos de BI diz que ele é a "tabulação de várias fontes para apoiar as decisões", o que a define bem, mas como RH pode contribuir para o BI de uma organização?

Cito aqui algumas sugestões com que o RH pode contribuir para a área de BI – sei que cada especialista de BI sabe das suas inteligências e do seu seguimento, mas gostaria de mostrar que o RH tem informações preciosas:

- Percentual de retorno nos investimentos em treinamento que a organização realiza com seus servidores.

- Quais os servidores que podem assumir projetos com base nas suas competências técnicas, comportamentais e complexidade.

- Análises das Competências e do Coeficiente de Desempenho.

- A evolução dos programas de desenvolvimento dos servidores.

- Acompanhamento da evolução dos servidores.

- Qual o tempo médio para desenvolvimento de competências dos servidores.

- Quantos servidores estão abaixo do esperado na função deles.

Agora imagine essas informações compondo painéis para a tomada de decisão?

Juntando as informações com as transformações tecnológicas que ocorrem a todo instante, para elevar a atuação do RH a outros patamares, realmente é preciso rever a o relacionamento do RH e TI, pois é preciso muita sinergia entre eles.

## 7.6. CARACTERÍSTICAS IMPORTANTES PARA UM SOFTWARE DE GESTÃO DE PESSOAS

Apresento algumas características que considero essenciais na ferramenta para dar apoio às ações de Recursos Humanos. Claro que isso vale para meados de 2011, afinal, por se tratar de tecnologia, a informação aqui apresentada é perecível. Mas algumas irão resistir ao tempo e, quem sabe, às novas tecnologias.

Ao ler o termo usuário, por favor, compreenda servidor.

- Trabalhar em ambiente web.

- Possuir ambiente integrado com a realidade do usuário e da empresa.

- Ser intuitivo para o usuário.

- Ter capacidade de expansão de uso dos recursos de maneira dinâmica, sem burocratizar a operação.

- Possuir conexões com as ferramentas de comunicação atuais, tais como redes sociais, e-mail, SMS, entre outras.

- Possuir módulos específicos para o servidor, gestor e RH, facilitando registros e acompanhamentos dos servidores.

- Garantir que o usuário tenha uma experiência simples, prática e consistente do processo.

Por usarmos a web como base tecnológica, existe um ponto que às vezes é desprezado durante a aquisição do software: a conexão com a internet.

É preciso dar especial atenção a este item, pois quanto mais recursos utilizarmos na web mais banda de internet (velocidade e capacidade de transferência de dados) precisaremos, e isso tem alto impacto no processo.

Sabemos que as conexões de internet têm melhorado em todo país, mas ainda podemos sofrer em algumas regiões e organizações por falta de internet boa.

Então é imprescindível que o software seja estudado e adequado ao perfil do usuário, mas também ao perfil tecnológico da organização.

Mas nada disso adianta se o software não tiver o principal: uma sólida base metodológica para que não seja apenas um processamento e acumulador de dados.

O RH não precisa mais de software apenas. Ele precisa de software com metodologia, pois o software gerencia o dado, enquanto a metodologia eleva o dado ao patamar da geração de valor para a instituição.

Neste contexto, encerro minha participação com a seguinte reflexão:

Um software pode gerar um DADO.

Um DADO decodificado vira uma INFORMAÇÃO.

Uma INFORMAÇÃO selecionada gera CONHECIMENTO.

E o CONHECIMENTO aplicado gera VALOR para a GESTÃO DE PESSOAS.

# CAPÍTULO 8

# A EXPERIÊNCIA DO TRIBUNAL REGIONAL DO TRABALHO DA 8ª REGIÃO

RODOPIANO NETO

> *"Ser reconhecido como um dos melhores tribunais para se trabalhar e de melhores resultados."*
>
> **Visão de futuro do TRT da 8ª Região.**

## 8.1. INTRODUÇÃO

A partir da Emenda Constitucional n.º 19/98, a busca pela eficiência administrativa passou a impulsionar a revisão dos modelos de gestão dos órgãos públicos, alterando sua forma de atuação e estrutura de funcionamento.

Nesse contexto de mudança, a compreensão de que o maior desafio do setor público brasileiro é de natureza gerencial levou o Tribunal Regional do Trabalho da 8ª Região (TRT-8ª), órgão do Poder Judiciário Federal com jurisdição nos estados do Pará e Amapá, a buscar o aprimoramento dos seus resultados por meio do desenvolvimento de programas de qualidade, produtividade, modernização tecnológica, inovação e melhoria contínua de processos, dentre outras medidas. O desenvolvimento dessas ações teve como referencial os critérios de excelência recomendados pelo Programa Nacional de Gestão Pública e Desburocratização (GESPÚBLICA), que representam o estado-da-arte em tecnologia de gestão para o setor público. A consolidação desse modelo culminou com a aprovação, no ano de 2007, do primeiro planejamento estratégico institucional do TRT-8ª. A partir de então, o processo de transformação gerencial ganhou ainda mais força rumo à implementação de um modelo de gestão estratégica, focado em pessoas e resultados.

Consciente da importância das pessoas para o sucesso de qualquer processo de mudança, o tribunal adotou a Gestão por Competências como base da sua estratégia institucional. Este capítulo apresenta essa experiência, descrevendo o passo a passo do projeto-piloto de avaliação dos perfis profissionais dos servidores ocupantes de cargos de natureza gerencial.

## 8.2. A ESTRATÉGIA DO TRT DA 8ª REGIÃO

A teoria do planejamento estratégico orienta que a Visão define o que a organização pretende ser no futuro, incorporando as suas ambições e seus objetivos. Em função disso, a Visão deve propiciar a criação de um clima de envolvimento e comprometimento dos colaboradores com os propósitos da organização.

Para cumprir sua Missão institucional de "assegurar o acesso à Justiça, de forma efetiva, na composição dos conflitos decorrentes das relações de trabalho", o TRT-8ª assim definiu sua Visão de futuro: "ser reconhecido como um dos melhores tribunais para se trabalhar e de melhores resultados". Essa declaração delimita, de forma bastante clara, o enfoque dado pelo tribunal no horizonte do seu planejamento estratégico: *pessoas* e *resultados*.

A ênfase nas pessoas tem uma explicação muito simples: independentemente da tecnologia de gestão adotada, as pessoas serão sempre o fator determinante para o sucesso ou fracasso de qualquer processo de mudança. Não há como se pensar em resultados efetivos sem o envolvimento e comprometimento das pessoas que integram a organização. Essa é a razão pela qual as organizações, sejam elas públicas ou privadas, devem "cuidar de suas pessoas", nas palavras do guru Peter Drucker. Além disso, é sempre importante destacar que toda e qualquer mudança de impacto deve ser mobilizada pelos líderes da organização. Aliás, na lição de Robert Kaplan e David Norton, criadores do *BSC*, essa mobilização é o primeiro de um conjunto de seis princípios que as organizações devem observar para se tornarem "orientadas para a estratégia":

1. *Mobilizar a mudança por meio da liderança executiva:* esse princípio é fundamental para promover um efetivo processo de mudança organizacional, pois é a liderança forte e comprometida que mobiliza e induz à mudança. Nas palavras de Kaplan e Norton: "Nenhuma organização que alcançou sucesso com o sistema de gestão da estratégia tinha um líder ausente ou passivo";

2. *Traduzir a estratégia em termos operacionais:* objetiva garantir que o caminho trilhado para a mudança seja compreendido por todos que a integram. Para isso, a estratégia é traduzida em objetivos interligados por meio de relações de causa e efeito, distribuídos em um *mapa estratégico* que contempla as quatro perspectivas de gestão do *BSC: financeira, clientes, processos internos* e *aprendizado e crescimento;*

4. *Alinhar a organização com a estratégia:* a partir da estratégia institucional definida na etapa anterior, todas as unidades que compõem a organização deverão contribuir para sua execução por meio de planos táticos e operacionais;

5. *Motivar para transformar a estratégia em tarefa de todos:* esse princípio é um dos mais difíceis de ser implantado, sobretudo nas organizações públicas. No livro *Feedback para Resultados na Gestão por Competências pela Avaliação 360°*, Rogerio Leme ressalta que "estar motivado" é um estado da pessoa. Ou seja, a motivação depende exclusivamente da pessoa. O que a organização pode fazer é *criar condições* que favoreçam essa motivação por meio da contribuição individual para a implementação da estratégia;

6. *Gerenciar para converter a estratégia em processo contínuo:* esse princípio busca consolidar a transformação gerencial por meio de revisões contínuas da estratégia. Segundo Kaplan e Norton, a consolidação desse princípio, consubstanciado em um sistema gerencial autônomo e abrangente, representa o "estágio final" a ser almejado pelas organizações rumo à excelência gerencial.

Seguindo os critérios de excelência preconizados pelo GESPÚBLICA e os princípios das organizações orientadas para a estratégia, o TRT-8ª definiu um conjunto de sete objetivos estratégicos inter-relacionados. O mapa estratégico da Figura 1 ilustra as relações de causa e efeito entre esses objetivos e como eles convergem para o cumprimento da Missão e alcance da Visão de futuro.

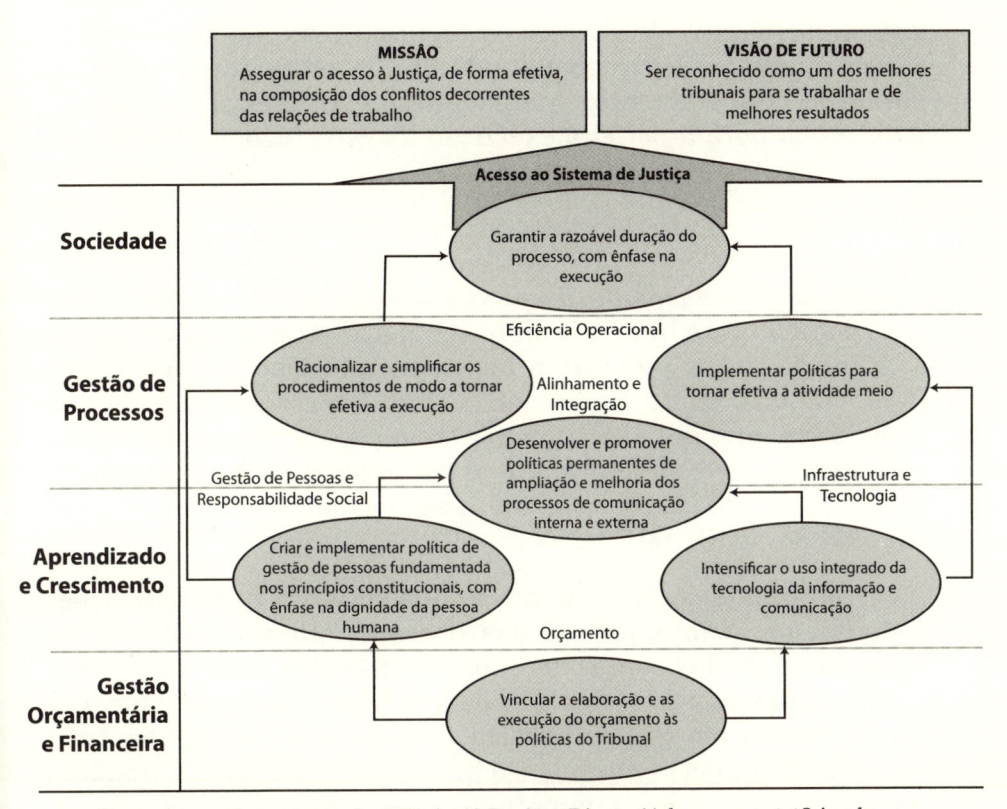

| MISSÃO | VISÃO DE FUTURO |
|---|---|
| Assegurar o acesso à Justiça, de forma efetiva, na composição dos conflitos decorrentes das relações de trabalho | Ser reconhecido como um dos melhores tribunais para se trabalhar e de melhores resultados |

**Acesso ao Sistema de Justiça**

**Sociedade** — Garantir a razoável duração do processo, com ênfase na execução

*Eficiência Operacional*

**Gestão de Processos** — Racionalizar e simplificar os procedimentos de modo a tornar efetiva a execução | Alinhamento e Integração | Implementar políticas para tornar efetiva a atividade meio

Gestão de Pessoas e Responsabilidade Social → Desenvolver e promover políticas permanentes de ampliação e melhoria dos processos de comunicação interna e externa ← Infraestrutura e Tecnologia

**Aprendizado e Crescimento** — Criar e implementar política de gestão de pessoas fundamentada nos princípios constitucionais, com ênfase na dignidade da pessoa humana | Intensificar o uso integrado da tecnologia da informação e comunicação

*Orçamento*

**Gestão Orçamentária e Financeira** — Vincular a elaboração e as execução do orçamento às políticas do Tribunal

*Fonte:* Mapa Estratégico do TRT da 8ª Região. Disponível em www.trt8.jus.br.

**Figura 1:** O mapa estratégico.

Trilhado o caminho para alcançar a excelência em gestão pública, iniciou-se o processo de alinhamento das pessoas à estratégia institucional. Tanto nas organizações públicas como nas privadas, esse processo não é tarefa simples, pois depende da transformação do RH tradicional em um RH estratégico.

## 8.3. GESTÃO ESTRATÉGICA DE PESSOAS

Conforme apresentado no mapa, um dos sete objetivos estratégicos do Tribunal é *"criar e implementar política de gestão de pessoas fundamentada nos princípios constitucionais, com ênfase na dignidade da pessoa humana"*. As metas e iniciativas decorrentes desse objetivo devem garantir que as pessoas possuam conhecimentos, habilidades e atitudes necessários e suficientes para a perfeita execução da estratégia institucional.

A necessidade de transformar o RH tradicional em um RH estratégico foi materializada na meta 22 do planejamento estratégico: *"converter 100% dos processos e instrumentos aplicados no desenvolvimento de pessoas para o sistema de gestão por competências, até dezembro de 2013"*. O pressuposto para a definição dessa meta foi a institucionalização da Gestão por Competências como modelo de gestão de pessoas do Tribunal, ocorrida no ano de 2008, com a aprovação da *Política de Desenvolvimento de Recursos Humanos da Justiça do Trabalho da 8ª Região*. Sem dúvida, esse foi o primeiro e mais importante passo em direção ao RH estratégico.

Em linhas gerais, a política consiste no conjunto de ações voltadas ao aprimoramento das pessoas, orientada para o desenvolvimento dos conhecimentos, habilidades e atitudes necessários ao desempenho das atividades funcionais para o alcance da excelência em gestão pública, tendo como finalidades: melhorar a eficiência, a eficácia e a qualidade dos serviços públicos prestados ao cidadão; compatibilizar as competências profissionais com o exercício das atribuições dos cargos e das funções; reconhecer e valorizar magistrados e servidores; promover a melhoria do clima organizacional; e racionalizar e assegurar a efetividade dos gastos com capacitação. São instrumentos de viabilização dessa política:

1. *Programa Permanente de Capacitação:* destinado à formação e ao aperfeiçoamento profissional, bem como ao desenvolvimento gerencial, visando à preparação dos servidores para desempenharem atribuições de maior complexidade e responsabilidade;

2. *Programa de Avaliação de Desempenho:* objetiva proporcionar o desenvolvimento dos servidores nas carreiras judiciárias. O resultado da avaliação de desempenho deve servir de base para o planejamento das ações necessárias ao desenvolvimento profissional do servidor,

sempre alinhadas à missão, visão de futuro, valores e objetivos estratégicos do Tribunal;

3. *Programa de Reconhecimento e Valorização:* destinado a incentivar comportamentos e ações que contribuam para a melhoria do clima organizacional e dos resultados institucionais, além de reconhecer as contribuições dos magistrados e servidores pelo empenho em realizar o trabalho e alcançar metas;

4. *Programa de Qualidade de Vida no Trabalho:* objetiva promover o bem-estar no ambiente de trabalho, integrar e ampliar as relações interpessoais e desenvolver o potencial criativo; e

5. *Sistema de Gestão por Competências:* instrumento que permite planejar, monitorar e avaliar as ações gerenciais a partir da identificação das competências técnicas e comportamentais necessárias para que o servidor exerça determinada atividade ou função.

Esses instrumentos constituem iniciativas estratégicas do planejamento institucional. Especificamente em relação ao *Sistema de Gestão por Competências*, objeto da experiência apresentada neste capítulo, o TRT-8ª desenvolveu um projeto-piloto destinado a mapear e avaliar os *perfis profissionais* dos servidores ocupantes de cargos de natureza gerencial.

A Política de Desenvolvimento de Recursos Humanos do TRT-8ª define *perfil profissional* como sendo o "conjunto de competências profissionais, estilos de comportamento e outras características pessoais que influenciam o desempenho apresentado pelo servidor". A partir desse conceito, fica evidente que a implantação de um modelo de gestão por competências não pode prescindir do conhecimento dos perfis profissionais dos servidores, especialmente dos líderes. Por essa razão, a escolha do público-alvo para o projeto-piloto recaiu exatamente sobre os servidores ocupantes de cargos de natureza gerencial. A opção do Tribunal também se justifica em função do primeiro princípio das organizações orientadas para a estratégia: *mobilizar a mudança por meio da liderança executiva*. Como vimos, é a liderança forte e comprometida que mobiliza e induz a mudança, razão pela qual os gestores precisam ser preparados para "comprar a ideia".

Outro fator igualmente importante que justificou o foco inicial no desenvolvimento dos líderes foi o princípio da *Responsabilidade Compartilhada*, também expresso na Política do TRT-8ª, segundo o qual a educação é responsabilidade de todos, "tendo a área de Gestão de Pessoas como consultora, oferecendo suporte técnico e orientação às iniciativas de capacitação das demais unidades". Com o permanente desenvolvimento dos gestores e o suporte técnico da área de Gestão de Pessoas, o processo de alinhamento dos demais servidores à estratégia fluirá mais rapidamente, contribuindo de forma decisiva para o alcance da meta institucional de "converter 100% dos processos e instrumentos aplicados no desenvolvimento de pessoas para o sistema de gestão por competências".

A figura a seguir sintetiza as etapas do processo de conversão para o sistema de Gestão por Competências:

PLANEJAMENTO ESTRATÉGICO INSTITUCIONAL

POLÍTICA DE GESTÃO DE PESSOAS

SISTEMA DE GESTÃO POR COMPETÊNCIAS

MAPEAMENTO E AVALIAÇÃO DE PERFIS PROFISSIONAIS

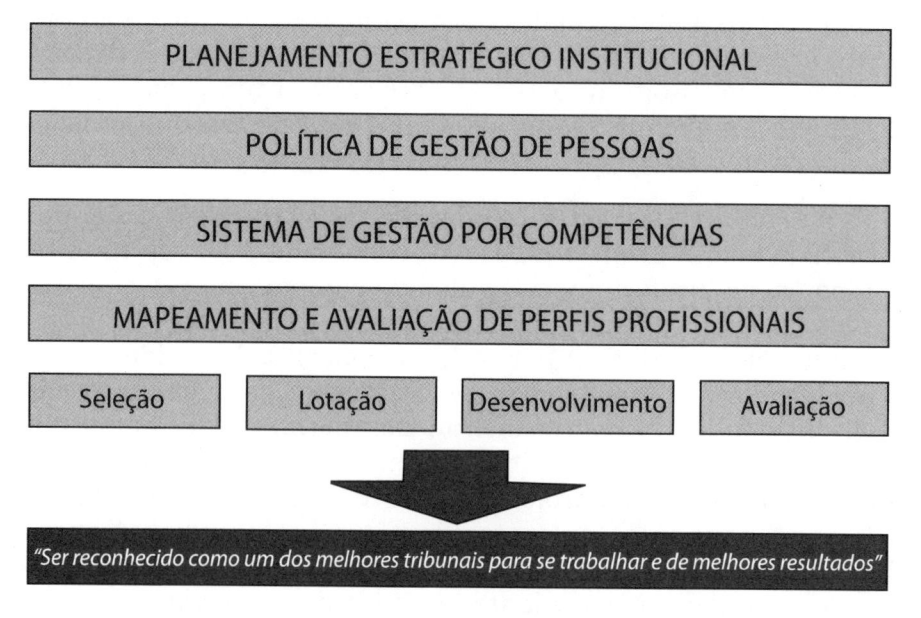

Seleção | Lotação | Desenvolvimento | Avaliação

"Ser reconhecido como um dos melhores tribunais para se trabalhar e de melhores resultados"

**Figura 2:** Etapas do processo de conversão.

## 8.4. AVALIAÇÃO DOS PERFIS PROFISSIONAIS

Foi com o projeto-piloto de avaliação dos perfis profissionais dos gestores que o TRT-8ª começou efetivamente a converter seus instrumentos de desenvolvimento de pessoas para o modelo de gestão por competências. O projeto foi desenvolvido com o apoio de uma consultoria especializada, sendo que a avaliação dos perfis profissionais deveria apresentar dois componentes: *identificação dos estilos de comportamento* e *avaliação das competências*.

### 8.4.1. Identificação dos estilos de comportamento

Para a identificação dos estilos de comportamento, o TRT-8ª utilizou a classificação tipológica de *Myers-Briggs* (*MBTI*).

No *MBTI* existem dezesseis tipos psicológicos representados pela combinação de quatro pares opostos. As preferências são indicadas por letras maiúsculas que sintetizam as características de cada um desses quatro pares (E-I, S-N, T-F, J-P) (Tabela 1).

A identificação de cada um dos dezesseis tipos psicológicos, com suas características, forças e fraquezas, possibilita um maior entendimento da personalidade, do comportamento e das atitudes das pessoas. Porém é preciso ressaltar que o *MBTI* não avalia os comportamentos e atitudes das pessoas. Ele apenas indica quais comportamentos se destacam em relação aos demais em uma mesma pessoa. Por exemplo, uma pessoa classificada como *T* (Racional) poderá ser mais emocional que outra classificada como *F* (Emocional). Trata-se, portanto, de um indicador de preferências e não de uma avaliação.

No TRT-8ª, o processo de identificação dos estilos preferenciais de comportamento dos gestores ocorreu em duas etapas. Na primeira, cada gestor preencheu um questionário eletrônico do *MBTI*, cujas respostas deram origem ao inventário psicológico de cada gestor. Na segunda etapa, foi realizado um grande seminário com os gestores que participaram da etapa anterior. A devolutiva grupal foi conduzida por uma consultora especialista em *MBTI*, momento em que os participantes foram orientados sobre os tipos psicológicos, preferências pessoais e preferências *MBTI*, seu tipo preferencial, as características associadas a cada tipo, o tipo oposto, assim como um diagnóstico para a solução de problemas relacionados a cada um dos dezesseis tipos psicológicos da classificação *MBTI*.

**Tabela 1:** *A Identificação dos Estilos de Comportamento*

| Atitude | Tipo Preferencial | Tipo Oposto |
|---|---|---|
| | **E**xtroversão **(E)** | **I**ntroversão **(I)** |
| Energização/ Motivação | Preferência por usar energia do mundo exterior (pessoas, atividades, coisas). Gostam de ação e de realizar várias atividades. Primeiro agem e depois pensam. São bastante sociáveis. | Preferência por usar energia do mundo interior (ideias, emoções, reflexões). Obtêm sua energia quando estão envolvidos com ideias. Preferem pensar antes de agir. São pouco sociáveis. |
| | **S**ensação **(S)** | **IN**tuição **(N)** |
| Percepção/ Observação | Preferência por obter informações através dos cinco sentidos (real/concreto). Gostam de detalhes e fatos. Acreditam que o significado está nos dados. Precisam de muitas informações. | Preferência por informações teóricas e abstratas. Gostam de interpretar os dados com base em suas crenças pessoais. Não precisam de muitas informações. |
| | Razão (**T**hinking) | Emoção (**F**elling) |
| Decisão/Julgamento | Preferência por decidir de forma racional e lógica. | Preferência por decidir com base nas suas emoções e sentimentos. |
| | **J**ulgador (J) | Percepção **(P)** |
| Estilo Vida/ Orientação | Preferência por viver de forma planejada e organizada. Gostam de rotinas e detestam surpresas. | Preferência por viver de forma flexível e espontânea. Gostam de se arriscar e de mudanças. |

O relatório gerado a partir das respostas ao questionário eletrônico contém um rico conjunto de informações sobre os estilos preferenciais de comportamento de cada gestor e constitui uma espécie de "retrato" detalhado da personalidade do indivíduo, com sugestões importantes para o seu crescimento pessoal e profissional, principais pontos fortes e possíveis armadilhas, assim como a maneira natural para solucionar problemas. A título de exemplo, a figura abaixo apresenta uma pequena parte do diagnóstico *MBTI* de uma pessoa classificada como ESTJ (Extrovertida-Sensorial; Racional-Julgadora):

**ÍNDICE DE CLAREZA DE PREFERÊNCIA (ICP)**

| | Muito Clara | Clara | Moderada | Leve | Moderada | Clara | Muito Clara | |
|---|---|---|---|---|---|---|---|---|
| Extroversão (E) | | | | ■ | | | | Introversão (I) |
| Sensação (S) | ■■■■■ | | | | | | | Intuição (N) |
| Pensamento (T) | | | ■■■ | | | | | Sentimento (F) |
| Julgamento (J) | | ■■ | | | | | | Percepção (P) |

*Fonte:* FELLIPELLI Instrumentos de Diagnóstico e Desenvolvimento Organizacional (www.fellipelli.com.br)

**Figura 3:** Índice de Clareza de Preferência (ICP).

É claro que existem outros instrumentos igualmente interessantes para identificar o estilo preferencial de comportamento no ambiente de trabalho, mas não é nossa intenção esgotar o tema. Contudo, independentemente da ferramenta utilizada, as informações geradas pela identificação dos estilos de comportamento são importantes para auxiliar nas avaliações de competências, ajudando a entender melhor os gaps de desenvolvimento. Além disso, o conhecimento das características dos tipos psicológicos, se bem utilizados, funciona como um poderoso instrumento de Gestão de Pessoas.

### 8.4.2. Avaliação das Competências

A Gestão por Competências é um conceito abrangente, razão pela qual existem diversas metodologias para avaliar se uma pessoa possui ou não determinada competência. No caso das organizações públicas, a seleção da metodologia não é um processo simples, considerando que, em geral, elas foram desenvolvidas para o contexto empresarial. Na experiência do TRT-8ª, para completar o mapeamento e avaliação dos perfis profissionais dos gestores, foi utilizada a metodologia do *Inventário Comportamental para Mapeamento de Competências*, descrita por Rogerio Leme em seu primeiro livro, *Aplicação Prática de Gestão de Pessoas por Competências – Mapeamento, Treinamento, Avaliação e Mensuração de Resultados de Treinamento*. Apresentamos, a seguir, o passo a passo do processo de mapeamento e avaliação das competências dos gestores do TRT-8ª.

## 8.5. GESTÃO POR COMPETÊNCIAS: PASSO A PASSO

Para Rogerio Leme, *Gestão por Competências* significa "conduzir as pessoas para que possam atingir a Visão de futuro da instituição através de suas competências". Adequando esse conceito à Visão de futuro do Tribunal, a Gestão por Competências significa conduzir as pessoas para que possam transformar o TRT-8ª em "um dos melhores tribunais para se trabalhar e de melhores resultados" através de suas competências.

A aplicação prática da Gestão por Competências no TRT-8ª foi desenvolvida em seis passos:

1) construção das descrições das funções de liderança;

2) construção das competências comportamentais;

3) construção das competências técnicas;

4) aplicação dos instrumentos de avaliação;

5) elaboração dos planos de capacitação de servidores para o desenvolvimento de competências; e

6) implantação da cultura de feedbacks.

## 8.5.1. Passo 1: Construção das Descrições das Funções de liderança

Em implantações que envolvem os diversos subsistemas de Recursos Humanos, as *descrições de funções* devem ser o primeiro conjunto de informações a ser construído, atualizado ou validado. Nessas descrições, devem constar as principais informações referentes às expectativas organizacionais frente aos ocupantes de cada função, tais como: missão da função, competências técnicas e comportamentais requeridas, lista de atribuições a serem realizadas, formação acadêmica, entre outros pontos.

No projeto-piloto TRT-8ª, foram trabalhadas as descrições das seguintes funções de liderança:

| Funções de Liderança |
|---|
| 1. Diretor Adjunto da Central de Mandados. |
| 2. Diretor da Central de Atendimento. |
| 3. Diretor Geral de Secretaria |
| 4. Diretor da Secretaria Administrativa |
| 5. Diretor da Secretaria de Recursos Humanos |
| 6. Diretor da Secretaria Especial de Tecnologia da Informação |
| 7. Diretor de Secretaria de Vara do Trabalho (Sede) |
| 8. Diretor de Secretaria de Vara do Trabalho (Fora da Sede) |
| 9. Diretor do Serviço de Administração e Pagamento de Pessoal |
| 10. Diretor do Serviço de Auditoria e Controle Interno |
| 11. Diretor do Serviço de Distribuição |
| 12. Diretor do Serviço de Execução Financeira e Orçamentária |
| 13. Diretor do Serviço de Formação e Aperfeiçoamento de Pessoal |
| 14. Diretor do Serviço de Informática |
| 15. Diretor do Serviço de Materiais e Patrimônio |
| 16. Diretor do Serviço Integrado de Saúde |

## 8.5.2. Passo 2: Construção das Competências Comportamentais

a) *Identificação das competências da organização*

Com o objetivo de coletar os indicadores comportamentais organizacionais, com base nos comportamentos observáveis entre os demais servidores do TRT-8ª, os sessenta gestores ocupantes das dezesseis funções de liderança participaram da atividade de coleta "Gosto/Não Gosto/O Ideal Seria". O material produzido nessa primeira atividade resultou em um total de 802 indicadores comportamentais. Após a consolidação dos dados pela consultoria e o respectivo agrupamento nas competências, restaram cem indicadores, distribuídos em dez competências.

Em um novo encontro com os gestores, esses cem indicadores foram validados e compatibilizados com os valores e a estratégia do TRT-8ª, resultando em um quantitativo final de 63 comportamentos, que foram distribuídos em nove competências comportamentais, a saber:

- Atuação ética
- Foco no cidadão-usuário ("cliente").
- Orientação para resultados.
- Comunicação.
- Aprendizagem contínua e autodesenvolvimento.
- Relacionamento interpessoal e autocontrole.
- Organização e cultura da qualidade.
- Liderança e gestão de pessoas.
- Cooperação e trabalho em equipe.

**Tabela 2:** *Indicadores Comportamentais*

| Competência | Indicadores |
|---|---|
| **FOCO NO CIDADÃO-USUÁRIO** (competência essencial) | Atender aos jurisdicionados, operadores do direito e público em geral com agilidade, eficiência e qualidade, cumprindo a Missão institucional. |
| | Priorizar o atendimento ao público externo em relação às demais tarefas, independentemente de cargo ou função. |
| | Utilizar linguagem compreensível no atendimento ao jurisdicionado, em relação ao trâmite processual. |
| | Preocupar-se em identificar e compreender as demandas dos jurisdicionados, operadores do direito e público em geral, para atender efetivamente às suas necessidades. |
| **LIDERANÇA E GESTÃO DE PESSOAS** | Definir objetivos e metas da unidade de forma participativa, alinhados ao planejamento estratégico institucional. |
| | Preparar servidores para atuar como substitutos de funções e/ou atribuições. |
| | Identificar, administrar e resolver os conflitos com imparcialidade. |
| | Estimular pessoas a se desenvolverem e a perceberem a aprendizagem como oportunidade de melhoria profissional. |
| | Decidir de forma transparente, célere e, sempre que possível, de forma participativa. |
| | Fixar parâmetros de autonomia na execução de rotinas. |
| | Reconhecer e valorizar os resultados alcançados (feedback). |
| | Distribuir as atividades e os recursos de trabalho de forma objetiva e proporcional, evitando sobrecarga de trabalho. |
| | Apoiar os membros da equipe em situações de insucesso, com aproveitamento pedagógico do erro. |
| | Identificar as pessoas com perfil e competências adequados para a delegação das atribuições. |

Após a validação do inventário comportamental, foram definidas as competências essenciais da organização, ou seja, aquelas que devem ser identificadas, percebidas e reconhecidas pela sociedade como características fortes e predominantes do tribunal. Após uma breve discussão com os membros da equipe de validação, chegou-se ao entendimento de que as competências *atuação ética, foco no cidadão-usuário, orientação para resultados* e *comunicação* seriam caracterizadas como essenciais/diferenciais do TRT-8ª. Assim, os indicadores comportamentais dessas competências devem ser tratados com prioridade máxima de treinamento, pois a organização não pode admitir gaps nessas competências.

A título de exemplo, a Tabela 2 detalha as competências "foco no cidadão-usuário" (essencial) e "liderança e gestão de pessoas".

b) *Identificação das competências de cada função (NCF)*

Considerando que o projeto-piloto do TRT-8ª tratou exclusivamente das funções de gestão, foi definido que todos os comportamentos identificados e validados no Inventário Comportamental seriam associados às dezesseis funções de liderança. Desse modo, para todas as funções foi exigido o nível máximo de cada competência, ou seja: o nível 5.

### 8.5.3. Passo 3: Construção das Competências Técnicas

Com base no *Regulamento dos Serviços Auxiliares*, que contempla as normas relativas à estrutura organizacional e de pessoal do TRT-8ª, foram elaboradas as descrições das dezesseis funções de liderança. Contudo, em muitas situações as atribuições contidas no regulamento estavam desatualizadas. Considerando que é exatamente a partir dessas atribuições que são identificados os conhecimentos específicos (conhecimentos, ferramentas e equipamentos) necessários para o exercício da função, houve necessidade de complementar as descrições de cada função por meio de entrevistas individuais, realizadas por um consultor com os servidores ocupantes de cada função. O escopo das entrevistas contemplou os seguintes itens:

- Leitura das atribuições da função contidas no Regulamento.
- Alteração e/ou validação das atribuições atuais.
- Acréscimo de novas atribuições não contempladas no Regulamento.
- Classificação dos itens de impacto e dificuldade para cada atribuição validada.
- Identificação e classificação das competências técnicas da função.
- Identificação da formação acadêmica ideal para o exercício da função.

A Tabela 3 ilustra um exemplo da planilha de identificação de competências técnicas utilizada nessa etapa.

**Tabela 3:** *Planilha de Identificação de Competências Técnicas*

| TAREFAS (o que faz) | COMPETÊNCIAS TÉCNICAS | | |
|---|---|---|---|
| | Conhecimentos/Ferramentas/Equipamentos Necessários | Nível Ideal | Nível Mínimo |
| Providenciar os expedientes necessários para a regular tramitação dos processos | CLT – Direito Processual – Fase de Conhecimento | 4 – Nível avançado | 3 – Nível intermediário |

De acordo com a metodologia, o *Nível Ideal* é compreendido como o nível pleno de uma determinada competência para a efetiva entrega das atribuições a ela associadas. Por sua vez, o *Nível Mínimo* representa o menor valor aceitável para o ingresso de um profissional em uma nova função.

Para a definição dos níveis de competência técnica de cada função do TRT-8ª, foi utilizada a seguinte escala de mensuração:

**Tabela 4:** *Definição dos Níveis de Competência Técnica*

| Descrição | % | Nota Atribuída |
|---|---|---|
| É Especialista | 100% | 5 |
| Tem conhecimento e prática em nível Avançado | 80% | 4 |
| Tem conhecimento e prática em nível Intermediário | 60% | 3 |
| Tem conhecimento e prática em nível Básico | 40% | 2 |
| Tem conhecimento (Noções) | 20% | 1 |
| Não tem conhecimento* | 0 | 0 |

Nota: * Utilizado apenas na mensuração do Nível Ideal.

## 8.5.4. Passo 4: Aplicação dos Instrumentos de Avaliação

Após a construção das competências comportamentais e técnicas, o TRT-8ª iniciou a avaliação das competências dos servidores ocupantes das funções de liderança mapeadas, com o objetivo de identificar os gaps e as necessidades de treinamento de cada gestor. Antes da aplicação em todo o tribunal, foi realizada uma espécie de "piloto do piloto" em uma unidade escolhida aleatoriamente, de modo a avaliar o entendimento das terminologias utilizadas, acessibilidade e demais aspectos da avaliação. Nenhuma situação-problema foi diagnosticada.

Como parte de uma grande estratégia de mobilização, a presidente do tribunal visitou, pessoalmente, todas as unidades administrativas e Varas do Trabalho de Belém para reforçar o convite às avaliações que seriam realizadas na sequência.

Todo o processo de coleta foi realizado por meio de software específico, via internet, fato que agilizou significativamente o tempo de coleta, além de permitir a participação de magistrados e servidores dos estados do Pará e Amapá, jurisdicionados pelo TRT da 8ª Região. Relativamente à abrangência das avaliações, foi previamente definido o modelo de *múltiplas fontes* (360°) para a avaliação comportamental (autoavaliação, avaliação do superior e avaliação dos subordinados) e de *avaliação conjunta* (180°) para as competências técnicas (autoavaliação e avaliação do superior).

Para responder aos questionários, os servidores receberam treinamentos de curta duração sobre o processo de avaliação, com garantia de sigilo das respostas. Em Belém do Pará e cidades próximas, as palestras foram presenciais. Para as unidades mais distantes da sede do tribunal, o treinamento foi realizado por sistema de videoconferência ou por vídeos institucionais, sendo que todas as unidades participantes receberam orientações básicas sobre o processo de avaliação. Na sequência, cada avaliador e os respectivos gestores avaliados receberam e-mail com dados individuais para acesso ao sistema eletrônico de avaliação. O formulário de avaliação ficou disponível por quinze dias, sendo prorrogado por igual período em função de problemas pontuais de acesso em algumas localidades do interior dos estados do Pará e Amapá.

Como resultado positivo da estratégia de mobilização, 100% dos avaliados e 95% dos superiores responderam às avaliações técnicas e comportamentais. Por sua vez, mais de 80% dos servidores responderam à avaliação comportamental dos seus superiores. Vale ressaltar que, com exceção dos próprios gestores avaliados, a participação no processo de avaliação tinha caráter voluntário, o que reforça o sucesso da estratégia de mobilização conduzida pela própria presidência do tribunal.

### 8.5.5. Passo 5: Elaboração dos Planos de Capacitação de Servidores para o Desenvolvimento de Competências

Com a conclusão das avaliações de competências técnicas e comportamentais, encerrou-se o processo de diagnóstico organizacional. Todas as etapas permitem identificar, de forma precisa, os gaps de treinamento de cada gestor.

A partir das avaliações de competências, os cursos promovidos pelo tribunal deverão estar devidamente alinhados às necessidades e ao perfil dos gestores. Essa é a fase de *empe-*

*nho*, na qual os gestores devem comprometer-se na busca pelo autodesenvolvimento profissional e, consequentemente, com a melhoria dos serviços prestados pela sua unidade. Conforme consta no planejamento estratégico do tribunal, posteriormente, o programa deverá ser estendido para todos os servidores, e o ciclo da avaliação de *desempenho* com foco em competência passará a ser anual.

A título de exemplo, os gráficos a seguir apresentam alguns resultados das avaliações comportamentais e técnicas:

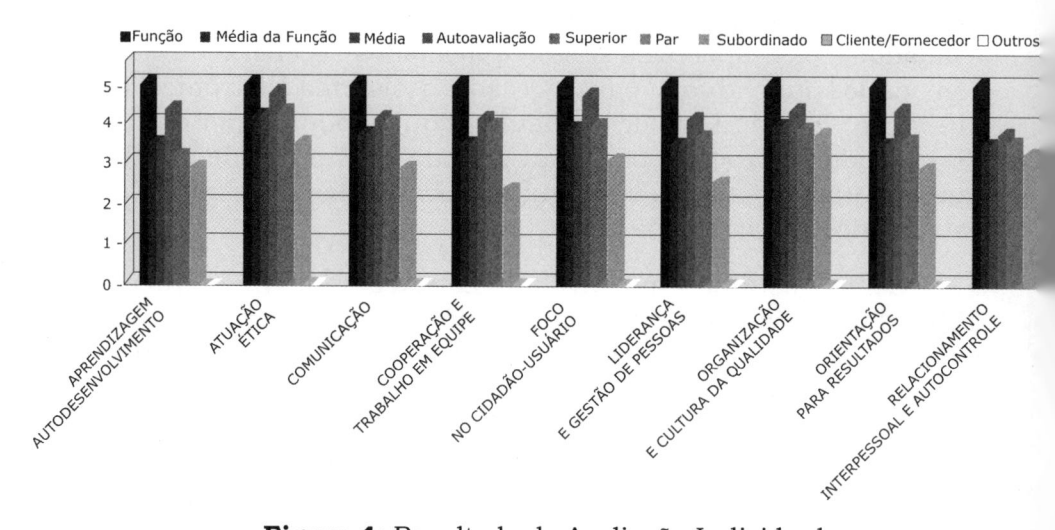

**Figura 4:** Resultado de Avaliação Individual de Competência Comportamental.

**Competência:** BSC – Balanced Scorecard

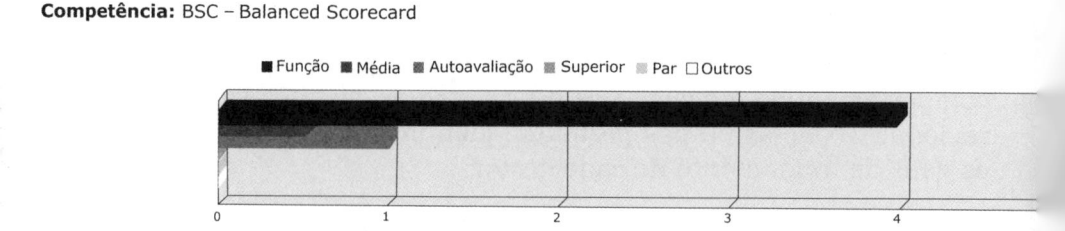

**Figura 5:** Resultado de Avaliação Individual de Competência Técnica.

### 8.5.6. Passo 6: Implantação da Cultura de feedbacks

O último passo do projeto-piloto ocorreu com a realização de um seminário com os gestores avaliados, ministrado pelo consultor Rogerio Leme, criador da metodologia utilizada pelo TRT-8ª.

A metodologia adotada para esta etapa foi publicada no livro *Feedback para Resultados na Gestão por Competências pela Avaliação 360° (guia prático para Gestores do "dar e receber feedback e a transformação em resultados)"*, do próprio consultor, e que complementou o referencial teórico do projeto-piloto.

Durante o evento, cada gestor recebeu o resultado das avaliações técnicas e comportamentais realizadas junto a seus superiores hierárquicos e colaboradores, além dos resultados da identificação dos perfis *MBTIs*. Com o objetivo de disseminar os conceitos da "cultura de feedback", os gestores também foram orientados sobre as técnicas de dar e receber feedbacks com foco no comportamento que se quer reforçar (feedback positivo) ou modificar (feedback negativo).

### 8.6. RESULTADOS ALCANÇADOS

Como resultado direto do projeto-piloto, destacamos a identificação dos estilos de comportamento e a avaliação das competências de 100% dos servidores ocupantes das funções de direção do TRT-8ª.

Além de subsidiar a elaboração dos planos anuais de capacitação focados nos gaps das competências técnicas e comportamentais, a experiência detalhada neste capítulo também possibilitará a reformulação do modelo tradicional de avaliação de desempenho do TRT-8ª para o modelo de *Avaliação de Desempenho com Foco em Competências*, que busca mensurar a real entrega do servidor.

Considerando que o TRT-8ª utiliza o *BSC* para executar sua estratégia, a possibilidade de identificar a real entrega de cada servidor por meio do *Coeficiente de Desempenho do Servidor – CDS* constitui um dos mais importantes resultados do projeto-piloto, visto que permitirá a definição de metas individuais para cada servidor, baseadas nas quatro perspectivas básicas do instrumento de avaliação: competências técnicas, comportamentais e responsabilidades e resultados. As três primeiras perspectivas foram construídas e validadas para os cargos de direção, restando pendente apenas a definição das metas (resultados) para completar o modelo de Avaliação de Desempenho com Foco em Competências.

## 8.7. RECONHECIMENTO NACIONAL

O projeto-piloto de avaliação dos perfis profissionais desenvolvido pelo TRT-8ª ficou em 2º lugar na categoria "Gestão por Competências", do *Prêmio Nacional de Educação Corporativa do Judiciário*, promovido pelo *Fórum Brasileiro de Educação Corporativa* (FECJUS). O prêmio foi entregue ao TRT-8ª durante o *I Congresso Brasileiro de Educação Corporativa do Judiciário* (CONECJUS), realizado no período de 18 a 20 de agosto de 2010, em São Luís do Maranhão.

Ainda no ano de 2010, o projeto intitulado "Gestão por Competências: a experiência do Tribunal Regional do Trabalho da 8ª Região com a avaliação dos perfis profissionais dos servidores ocupantes de cargos de natureza gerencial" sagrou-se vencedor da *X Mostra Nacional de Trabalhos de Qualidade do Poder Judiciário*, promovida pelo Conselho Superior da Justiça do Trabalho e Tribunal Superior do Trabalho, no período de 20 a 21 de outubro de 2010.

Mais do que a obtenção de títulos, o reconhecimento nacional funciona como um importante indicador para sinalizar o sucesso das ações empreendidas pelo TRT-8ª. Contudo, a avaliação dos perfis profissionais dos gestores é apenas a primeira de uma série de etapas necessárias para consolidar a gestão estratégica de pessoas no Tribunal.

A partir do compartilhamento dessa experiência, detalhando o passo a passo do projeto-piloto de avaliação dos perfis profissionais dos gestores do TRT-8ª, esperamos contribuir para a disseminação da Gestão por Competências no âmbito do setor público brasileiro.

# SOBRE OS AUTORES

## Elsimar Gonçalves

Tecnólogo em Processos Gerenciais com MBA em Gestão de Recursos Humanos pela Fatec Internacional, e especialista em Servidores Linux com certificação pela Mandriva/Conectiva e Pesquisador de Tecnologias Open-Source. Diretor de Operações e TI da Leme Consultoria www.lemeconsultoria.com.br, empresa que atua nas áreas de desenvolvimento humano e tecnologia em gestão de pessoas com soluções para Recursos Humanos e consultoria em gestão empresarial.

## Euclides B. Junior

Psicólogo, Especialista em Gestão Estratégica de Pessoas pela Universidade Presbiteriana Mackenzie/SP, Consultor de Gestão & Estratégia da Leme Consultoria, com especialização em Gestão por Competências e Desempenho, Feedback para Resultados desenvolvidas por Rogerio Leme e em Consultoria Interna de Recursos Humanos. Palestrante e Facilitador de treinamentos.

Atua em Recursos Humanos há mais de 10 anos em diversos subsistemas de RH, especializando-se em processos de Gestão Estratégica de Pessoas. Dentre as empresas privadas e públicas nas quais atuou e atua como consultor e palestrante estão: Fundação Cásper Líbero, Cereser, TRW, Nissin-Ajinomoto, Ceva Logistics, Caixa Econômica Federal, STN - Secretaria do Tesouro Nacional, CETEA, Tribunais Regionais Eleitorais dos Estados da Bahia, Rio de Janeiro e Pará, Tribunal Regional do Trabalho do Pará, Tribunais de Contas dos Estados do Mato Grosso e Paraná, dentre outras.

### Marcia Vespa

Diretora de Educação Corporativa da Leme Consultoria. É Psicóloga, com extensão em psicodrama, pós-graduada em marketing de negócios, MBA em Gestão de Pessoas pela FGV e Coach com formação e certificação internacional pela ICI. Coautora do livro Gestão do Desempenho integrando Avaliação e Competências com o Balanced Scorecard, com Rogerio Leme, publicado pela Qualitymark Editora. Participação no Capítulo 8 do livro *Reflexões sobre Treinamento Corporativo,* onde fala sobre Como Conciliar Treinamento ao Plano de Carreira. Atua há 20 anos como gestora na área de recursos humanos desenvolvendo projetos voltados à capacitação de profissionais para o ambiente corporativo, alinhados aos objetivos estratégicos da empresa. Foi responsável pelas áreas de recursos humanos, T&D e educação corporativa através do e-learning, da Zip.Net, PrimeSys e Academia Global, empresas pertencentes ao Grupo Portugal Telecom e Gráficos Sangar. Como consultora apresenta expressiva atuação em empresas como 3M do Brasil, PPG Industrial Tintas e Vernizes, Mark Up, Vivenda do Camarão, Noah Gastronomia (Blue Tree Hotels), Gafor, Invitrogen, ABCIC, VR Vales, com trabalhos dirigidos a capacitação de líderes, formação de educadores internos, venda consultiva, atendimento a clientes, negociação, coaching, entre outros. Também desenvolve eventos motivacionais para celebração de resultados, convenções de vendas e reuniões de divulgação do plano estratégico.

## Paulo Santos

Mestre em Administração pela Universidade de Brasília, com Licenciatura Plena em Ciências Matemáticas pelo Uniceub/Brasília, Analista de Sistemas pela Universidade Católica de Brasília. Servidor público da Carreira Finanças e Controle desde 1993. Atua na área de gestão de pessoas no setor público há 15 anos, onde ocupou cargos de gerência e coordenação nessa área em diversos órgãos da Administração Pública Federal.

## Renan de Marchi Sinachi

Graduado em Marketing, MBA em Gestão de Pessoas pela FGV, com extensão em Pedagogia para Adultos e especialização em Comunicação e Negociação pela Sociedade Brasileira de Programação Neurolinguística.

Especialista em Gestão por Competências na Metodologia do Inventário Comportamental, é consultor, palestrante, facilitador de treinamentos e Coordenador de Projetos da Leme Consultoria, atuando nas áreas de Gestão Estratégica e Desenvolvimento de Pessoas.

É o responsável técnico pela execução de projetos em Gestão de Pessoas nas seguintes instituições: Secretaria do Tesouro Nacional, SEFAZ Mato Grosso, TRT – Belém, SENAC – Santa Catarina, SESI – Mato Grosso, Hidrelétrica Santo Antônio Energia, Nissin, Facchini, entre outras.

## Rodopiano Neto

Tecnólogo em Processamento de Dados, com especialização nas áreas de Gestão Pública e Informática Educativa. É Assessor de Planejamento e Gestão do Tribunal Regional do Trabalho da 8ª Região, membro do Comitê de Educação à Distância e Autoinstrução da Justiça do Trabalho, tutor do curso de gestão de processos do Conselho Nacional de Justiça e consultor do projeto de gestão por competências do Conselho Superior da Justiça do Trabalho.

## Rogerio Leme – Organizador

Rogerio Leme é tecnólogo, MBA em Gestão de Pessoas pela FGV-SP, empresário, consultor de empresas, autor, palestrante e facilitador de treinamentos.

Especializado em Gestão por Competências é autor da Metodologia do Inventário Comportamental para Mapeamento de Competências, que utiliza escala comprovada matematicamente para a mensuração de competências, comportamentais, reduzindo a subjetividade do processo de mapeamento e avaliação e da Metodologia da Avaliação de Desempenho com Foco em Competências que mensura a entrega do colaborador ou servidor para a instituição em um conceito amplo de Competências.

Em conjunto com Paula Falcão, consultora e autora de livros de Jogos Corporativos, é autor da Metodologia do BSC-Participativo, uma metodologia que auxilia na implantação do Balanced Scorecard.

Possui os seguintes livros publicados:

- Aplicação Prática de Gestão de Pessoas por Competências.

- Avaliação de Desempenho com Foco em Competência – A Base para a Remuneração por Competências.

- Seleção e Entrevista por Competências com o Inventário Comportamental.

- Feedback para Resultados na Gestão por Competências pela Avaliação 360°.

- Gestão do Desempenho Integrando Avaliação e Competências com o Balanced Scorecard, com coautoria de Marcia Vespa.

- T&D e a Mensuração de Resultados e ROI de Treinamento Integrado ao BSC.

- Gestão por Competências no Setor Público (como organizador e autor).

Como consultor atuou em diversos projetos em empresas públicas e privadas como consultou e/ou responsável técnico, entre elas: Secretaria do Tesouro Nacional, Secretaria da Fazenda-MT, TRT-8ª Região, TCE-MT, TCE-PR, TJ-BA, TRE-BA, Caixa Econômica Federal, SENAC-SC, FIERO-RO, SESI-MT, Cereser, TRW, Nissin-Ajinomoto, Ceva Logistics, Hidrelétrica Santo Antônio Energia, Facchini, entre outras.

É diretor da Leme Consultoria, especializada em Desenvolvimento Humano e Tecnologia em Gestão de Pessoas, que tem como diferencial sistematizar os processos de gestão de pessoas e de estratégia empresarial, transformando-as em soluções práticas, inovadoras, acessíveis às empresas, tendo como apoio os softwares desenvolvidos pela consultoria, que proporcionam agilidade, qualidade e efetividade nas implantações, atuando em empresas de todos os portes, de origem pública e privada.

É conferencista, palestrante e facilitador de treinamentos abertos e *in company* em todo o Brasil.

## Romeu Huczok

Administrador, com pós-graduação em Marketing pela FAE Business School, Mestre em Mídia e Conhecimento – Engenharia de Produção pela UFSC. Foi Gerente ou Diretor de Recursos Humanos nas empresas: Siderúrgica Guaira (Gerdau), SOUZA CRUZ, INCEPA, CLIMAX/REFRIPAR (hoje Electrolux), Banco Banorte (hoje Itaú/Unibanco).

Professor de pós-graduação de RH em várias instituições. Sócio fundador da Huczok Consulting, (hoje Huczok & Leme, do grupo Ancorarh). Mentor do modelo de remuneração estratégica utilizado pela Leme Consultoria. Foi Presidente da ABRH-PE, Diretor da ABRH-PR e membro de conselho dessa instituição. Em empresas públicas, ou assim caracterizadas, coordenou ou implementou vários trabalhos de Planejamento Estratégico, Planos de Cargos, Carreiras e Salários, Gestão por Competências ou Gestão do Desempenho, com destaque para: Caixa Econômica Federal, Centro Federal de Educação Tecnológica do Espírito Santo, CETEA, CIASC – Centro de Informática do Estado de Santa Catarina, Cia. de Desenvolvimento de Vitória, COPEL, Federação das Indústrias do Estado do Paraná (SENAI/SESI), Fundação Itaipu, Museu Oscar Niemeyer, Paranaprevidência,, Prefeitura Municipal de Biguaçu-SC, Prefeitura Municipal de Maringá-PR, SERCOMTEL, SESI/SENAI do RJ, MG, ES, TE-

CPAR-Instituto de Tecnologia do Paraná, Tribunal de Contas do Estado do Paraná, Tribunal de Contas do Estado de Santa Catarina, Tribunal Regional do Trabalho-PA, Universidade Federal Rural da Amazônia, Universidade Tecnológica Federal do Paraná.

## Rosane Ribeiro

É graduada em Administração. Consultora na área de Gestão de Pessoas e Gestão por Competências na Metodologia do Inventário Comportamental. Coordenadora dos Projetos de Remuneração da Leme Huczok Consultoria na Unidade Curitiba-PR. Trabalha na área de Recursos Humanos há mais de 8 anos, atuando nas áreas de Elaboração e Implantação de Programas de Cargos, Carreiras e Salários, Programas de Remuneração Estratégica, Pesquisas de Remuneração, Gestão por Competências e Avaliação de Desempenho com Foco em Competências, Responsabilidades do Cargo e Resultado em órgãos públicos como:

- CDV – Companhia de Desenvolvimento de Vitória;
- CIASC – Centro de Informática e Automação de Santa Catarina.
- CITAGUA – Águas de Cachoeiro S.A. – ES.
- COMPAGAS – Companhia Paranaense de Gás.
- COPEL – Companhia Paranaense de Energia.
- CORE – Conselho Regional dos Representantes Comerciais do Paraná.

- FAPA R 11; Fundação de Previdência do Instituto EMATER.
- FIEP – Federação das Indústrias do Paraná.
- MON – Museu Oscar Niemeyer.
- PARANAPREVIDÊNCIA.
- PETROBRAS.
- PREFEITURA MUNICIPAL DE BIGUAÇU – SC.
- PREFEITURA MUNICIPAL DE MARINGÁ – PR.
- TCE/PR – Tribunal de Contas do Estado do Paraná.
- TERMINAIS PORTUÁRIOS DA PONTA DO FÉLIX.

# OUTROS LIVROS DE ROGERIO LEME

## Aplicação Prática de Gestão de Pessoas por Competências

Este livro é o Guia para Gestores de Pessoas e de Recursos Humanos no que se refere a Gestão por Competências. Através de uma metodologia extremamente simples, o Inventário Comportamental para Mapeamento de Competências, o autor apresenta ferramentas práticas, acessíveis e realmente possíveis de serem implementadas, atendendo as seguintes expectativas:

- Mapeamento de Competências.
- Avaliação com Foco em Competências.
- Treinamento com foco em Competências.
- Seleção por Competências.

E ainda apresenta caminhos concretos para que sejam mensurados e comprovados os Resultados de Treinamentos.

Um dos destaques é a comprovação matemática da metodologia que elimina a subjetividade existente nos processos tradicionais de mapeamento. É a única metodologia comprovada matematicamente disponível na literatura.

Por meio de uma linguagem simples, esta obra atende o interesse e necessidades de Gestores de todos os portes de empresa, sem exceção, servindo também como referência para nível acadêmico.

Aplicação Prática de Gestão por Competências tem uma meta ambiciosa, porém realista: Fazer com que o leitor possa realmente implantar Gestão por Competências utilizando os recursos da sua própria empresa.

## Avaliação de Desempenho com Foco em Competência – A Base para Remuneração por Competências

Este livro apresenta uma ampliação do conceito de competência que vai além do tradicional CHA – Conhecimento, Habilidade, Atitude – visualizando o que o colaborador efetivamente entrega para a organização. É o conceito de Entrega.

Este conceito é fundamental para que as empresas tenham argumentos precisos para avaliar o Desempenho do Colaborador, mas não como no método tradicional de avaliação de desempenho, e sim a Avaliação de Desempenho com Foco em Competências.

Após diversos estudos e pesquisas, foi observada a escassez de literatura que apresente de forma clara, prática e objetiva como efetivamente implantar a Remuneração por Competências. Há sim, muitas literaturas, mas elas não detalham como fazer e, principalmente, a possibilidade de aplicação coerente com a estrutura das empresas; a "Avaliação de Desempenho com Foco em Competência" vem suprir essa lacuna.

O objetivo desta obra é apresentar de forma didática e prática construção de ferramentas de avaliação que, juntas, irão compor o Coeficiente de Desempenho do Colaborador, que retrata a sua entrega à organização, de forma alinhada ao conceito de ampliação do CHA das competências, sendo este uma referência comprovada para a Remuneração com Foco em Competências.

Por meio de uma linguagem simples, esta obra atende ao interesse e necessidades de Gestores de todos os portes da empresa, sem exceção, servindo também como referência para nível acadêmico.

## Seleção e Entrevista por Competências com o Inventário Comportamental – Guia Prático do Processo Seletivo para a Redução da Subjetividade e Eficácia na Seleção

Seleção e Entrevista por Competências com o Inventário Comportamental é um guia prático para os profissionais ou empresas que já atuam ou possuam recrutamento e seleção e queiram se aprimorar, assim como para Gestores de Pessoas, profissionais iniciantes ou empresas que queiram implantar essa Ferramenta. Também é recomendado para estudantes e professores para servir como referencial e suplemento didático.

A Metodologia apresentada propõe uma ampliação do conceito de Competências, indo além do CHA – Conhecimentos, Habilidades, Atitudes – trazendo a identificação no candidato de Competências Técnicas e Comportamentais, Resultados, grau de Complexidade e ainda com Valores, identificando a compatibilidade entre o candidato, perfil da vaga e Cultura Organizacional.

## Feedback para Resultados na Gestão por Competências pela Avaliação 360° – Guia Prático para Gestores do "Dar e Receber" Feedback e a Transformação em Resultados

*Feedback* para Resultados é um guia prático para a implantação da ferramenta de Avaliação Comportamental através da Avaliação 360° e do preparo de Gestores de como "dar e receber" *feedbacks* de forma a promover a transformação de equipes para o alcance dos resultados organizacionais.

# OUTROS LIVROS DE ROGERIO LEME ❖ 177

Utilizando uma linguagem clara e direta, este livro contribui para a atualização de instrumentos importantes do RH e sua adaptação a realidade e exigência do mercado globalizado em que vivemos.

*Feedback* para Resultados é recomendado para Gestores, RH, professores e estudantes de diversas áreas, dentre elas Recursos Humanos e Administração, enfim, a todos os profissionais que lideram equipes e precisam promover a transformação de resultados nas organizações.

## Gestão do Desempenho Integrando Avaliação e Competências com o Balanced Scorecard

"Gestão do Desempenho Integrando Avaliação e Competências com o Balanced Scorecard" é um guia prático para utilização da Gestão do Desempenho contemplando a integração dos instrumentos de Avaliação de Competências, Avaliação de Desempenho e de Estratégia Empresarial que utilizam o Balanced Scorecard.

Utilizando os conceitos da Avaliação de Desempenho com Foco em Competências e do Balanced Scorecard, o autor demonstra como ocorrem essas integrações na prática, apresentando um instrumento essencial na Gestão do Desempenho, o PDC – Painel de Desempenho do Colaborador, que possibilita o gestor visualizar os fatores que interferem no desempenho do colaborador permitindo que ele aja proativamente para que a Visão da empresa seja atingida.

Recomendado para Gestores, RH, professores e estudantes de diversas áreas, dentre elas Recursos Humanos e Administração, enfim, a todos os profissionais que lideram equipes e precisam promover a transformação da sua empresa, gerando resultados.

### T&D e a Mensuração de Resultados e ROI de Treinamento Integrado ao BSC

Este livro é uma obra prática, direta, objetiva, no estilo "passo a passo" que apresenta uma abordagem contemporânea para o Levantamento de Necessidade de Treinamento, tornando-a mais eficiente e eficaz.

Apresenta também como executar a Mensuração dos Resultados de Treinamento, desde a avaliação de reação, passando pela avaliação de aprendizagem, comportamental de resultados e ainda o cálculo do ROI de Treinamento, além de trazer como fazer a integração dessas mensurações com o Balanced Scorecard, dando um enfoque estratégico para estas ações e para a área de Recursos Humanos.

"T&D e a Mensuração de Resultados e ROI de Treinamento Integrado ao BSC" é recomendado para Gestores, RH, professores e estudantes de diversas áreas, dentre elas Recursos Humanos e Administração, enfim, a todos os profissionais que lideram equipes e precisam promover a transformação da sua empresa, gerando resultados.

## Outras Obras Indicadas

## A Excelência em Gestão Pública

Autora: *Paulo Daniel Barreto Lima*

Nesta obra o autor utiliza a história da qualidade na administração pública brasileira como fio condutor de sua abordagem sobre a gestão pública.

Relativamente à história da qualidade e produtividade, o autor dedica especial atenção à gestão do Programa em suas diversas fases sob a orientação dos diversos governos. Além dessa retrospectiva, o livro tem forte conteúdo conceitual e metodológico. Dois aspectos importantes são analisados na obra: a fundamentação do modelo de excelência em Gestão Pública e a gestão pública orientada para resultados.

A mensagem deste livro é forte e oportuna porque trata da gestão de forma pura, como inteligência na condução da ação pública que precisa ser qualidade apesar das demandas sempre crescentes e dos recursos proporcionalmente mais escassos.

Nesta obra está o relato da mudança mais efetiva que poderá ocorrer na administração pública: nenhuma outra reforma administrativa, desde 1930, teve o foco na mudança de hábitos, tanto do servidor público na condição de agente do Estado, como do cidadão na condição de mantenedor e destinatário desse mesmo Estado.

Este livro não é um manual de avaliação do sistema de gestão. Seu propósito é destacar alguns aspectos essenciais da proposta do GESPÚBLICA, referentes ao entendimento do Modelo de Excelência em Gestão Pública preconizado pelo Programa e dos critérios de avaliação dele desdobrados. Trata-se provavelmente do primeiro registro do desenvolvimento de um programa cuja proposta é transformar a prática de gestão do setor público brasileiro.

Este trabalho foi elaborado com a finalidade de discutir a gestão pública brasileira, tendo por roteiro a estratégia do Programa Nacional da Gestão Pública e Desburocratização – GESPÚBLICA.

Formato: 16 x 23 cm
Nº de Páginas: 248

## Outras Obras Indicadas

**QualiCidades**

Autora: *Luiz Paulo Vellozo Lucas*

A leitura deste livro nos devolve a disposição para enfrentar os grandes problemas estruturais do nosso país, ao tempo em que nos recorda que na excelência da gestão está o caminho pelo qual os setores públicos e privado levarão o Brasil à posição que desejamos vê-lo ocupar. Nesta obra o autor compartilha com o leitor sua experiência no reordenamento das grandes concentrações urbanas para lhes conferir a tão sonhada qualidade de vida. A obra traz as principais conclusões de nossos estudos, desde conceitos e formulações para auxiliar os prefeitos na tarefa de encontrar a vocação de suas cidades para torná-las lugares melhores para os que nela vivem. O Projeto QualiCidades é um estudo sobre as cidades brasileiras pensando o desenvolvimento do Brasil pela ótica das cidades, buscando identificar quais são os obstáculos para que as cidades se desenvolvam e o que se pode fazer para alavancar esse desenvolvimento. O livro tem o objetivo de servir como um roteiro para auxiliar estudantes, gestores de cidades do Brasil na tarefa de transformá-las em bons lugares para se viver e também para todos os que se interessam pela construção de um país melhor.

A obra é resultado do Projeto QualiCidades que realizou estudo de um ano sobre o desenvolvimento e o investimento das cidades, sob as táticas econômica, social, política e institucional. Uma leitura obrigatória para os candidatos a administrador público.

Formato: 16 x 23 cm
Nº de Páginas: 232

## Outras Obras Indicadas

### Gestão do Conhecimento no Brasil

Autora: *Maria Terezinha Angeloni*

Esta obra demonstra a importância da Gestão do Conhecimento (GC) para as empresas no Brasil e no mundo, apresentando, nos 28 cases relatados, as experiências vividas em empresas públicas e privadas e as diversas formas de aplicação eficiente da Gestão do Conhecimento.

As empresas que pretendem modernizar seu sistema de administração encontram, neste livro, muitos exemplos bem-sucedidos de implementação da GC, demonstrando sua inter-relação com processos de vital importância em todas as empresas, como planejamento, estratégia, tecnologia da informação, treinamento, entre outros, o que denota a ampla versatilidade de implementação da GC.

A obra é uma importante fonte de referência para professores, alunos, administradores, consultores e para todos que desejam entrar nessa nova era do desenvolvimento: a geração e o compartilhamento do Conhecimento.

Além de ser uma ótima fonte de referência para professores, alunos e administradores, o livro apresenta exemplos bem-sucedidos de implementação da Gestão do Conhecimento. Ideal para empresas que pretendem modernizar seu sistema de administração.

Formato: 16 x 23 cm
Nº de Páginas: 240

## Outras Obras Indicadas

**A Reforma do Poder**
Autora: *Indio da Costa*

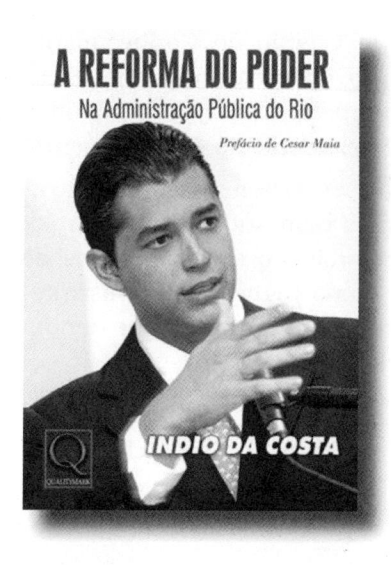

Para contar como foi feita a modernização administrativa da Prefeitura do Rio, seria necessário enumerar os princípios que embasaram o "choque de gestão". Por isso, Indio da Costa dividiu o livro em duas partes: na primeira, o autor resolveu levar o leitor para o front, contando a experiência de transformação de uma estrutura da era industrial, de uma organização pública, para um modelo pós-industrial, da era da informação ou serviços. A segunda contém os instrumentos que formalizaram a mudança e um extrato de uma dissertação de mestrado analisando a trajetória desse período na Secretaria Municipal de Administração, confrontando-a com o referencial teórico e avaliando, no momento da mudança, a percepção dos servidores em relação ao que estava sendo feito.

Neste livro, você vai conhecer as técnicas e as ideias que ajudaram o município do Rio de Janeiro a dar um salto de qualidade em suas práticas administrativas, com uma mistura de ingredientes técnicos e humanos.

Formato: 16 x 23 cm
Nº de Páginas: 208

**QUALITYMARK EDITORA**

Entre em sintonia com o mundo

## Quality Phone:
## 0800-0263311
*ligação gratuita*

**Qualitymark Editora**
Rua Teixeira Júnior, 441 - São Cristovão
20921-405 - Rio de Janeiro - RJ
Tel.: (21) 3295-9800
Fax: (21) 3295-9824
www.qualitymark.com.br
e-mail: quality@qualitymark.com.br

### Dados Técnicos:

| | |
|---|---|
| • Formato: | 16 x 23 cm |
| • Mancha: | 12 x 19 cm |
| • Fonte: | BookmanOldStyle |
| • Corpo: | 11 |
| • Entrelinha: | 13 |
| • Total de Páginas: | 208 |
| • 1ª Edição: | 2011 |
| • 1ª Reimpressão: | 2014 |
| • Gráfica: | Grupo Smart Printer |